餐饮管理与经营全案

互联网思维创新
餐饮管理和运营模式

容莉 编著

化学工业出版社

·北京·

内容简介

《餐饮管理与经营全案——互联网思维创新餐饮管理和运营模式》一书，从互联网思维下的餐饮变革导入，分三个部分。

第一部分（互联网思维创新之系统智能化）包括智能餐饮管理系统，智能点餐系统建设，智能结算系统建设，智能厨房显示系统建设，外卖业务系统建设，食品安全管控系统建设。

第二部分（互联网思维创新之营销多样化）包括微博营销，微信公众号营销，短视频营销，会员大数据营销，APP营销，外卖平台营销。

第三部分（互联网思维创新之服务品质化）包括营造优化服务环境，精心制作餐饮菜单，不断创新餐饮菜品，严格保证菜品质量，尽量满足顾客要求，实现智能化服务，提供人性化服务，打造特色化服务。

本书以浅显易懂、平实幽默的语言风格，通过大量翔实的案例，阐述了餐饮管理与经营的基本理念，可作为餐饮管理人员的培训教材、专业培训机构或旅游学院的学生教材。另外，本书也适合作为餐饮企业员工的手边便携书，随时翻阅学习。

图书在版编目（CIP）数据

餐饮管理与经营全案：互联网思维创新餐饮管理和运营模式/容莉编著. —北京：化学工业出版社，2021.8（2023.1 重印）
ISBN 978-7-122-39167-4

Ⅰ.①餐…　Ⅱ.①容…　Ⅲ.①互联网-应用-饮食业-经营管理　Ⅳ.①F719.3-39

中国版本图书馆CIP数据核字（2021）第092899号

责任编辑：陈　蕾　夏明慧　　　　　　　　装帧设计：尹琳琳
责任校对：赵懿桐

出版发行：化学工业出版社（北京市东城区青年湖南街13号　邮政编码100011）
印　　装：天津盛通数码科技有限公司
710mm×1000mm　1/16　印张14$\frac{1}{2}$　字数231千字　　2023年1月北京第1版第2次印刷

购书咨询：010-64518888　　　　　　　　　售后服务：010-64518899
网　　址：http://www.cip.com.cn
凡购买本书，如有缺损质量问题，本社销售中心负责调换。

定　　价：68.00元　　　　　　　　　　　　版权所有　违者必究

中国拥有14亿人口，是全球的第二大消费市场，因此国家提出经济内循环的概念，希望通过激活民众的消费需求，使得内需成为经济增长更大的驱动因素。一直以来，餐饮行业是第三产业的主要组成部分，对国民经济的发展起着重要的作用。民以食为天，一日三餐，必不可少，餐饮业的存在是人们美好生活的保障，与社会民生息息相关。

但是，由于餐饮行业门槛较低，行业内的竞争日趋激烈。尤其是在新时代下，有特色的餐厅层出不穷，加上国外餐饮品牌对国内餐饮企业的冲击，餐饮市场的生存空间越来越小。行业内优胜劣汰现象严重，一些中小餐饮企业由于管理、服务等方面的不足，在激烈的市场竞争中惨遭淘汰。现代餐饮企业面临着成本高涨、利润下滑的生存环境。

同时，在餐饮行业，消费者的消费意识不断升级，对于餐饮食品的多样性、个性化以及消费体验等方面的要求不断在提高，传统餐饮面临着客流量不断流失的压力。不过，在传统餐饮行业不景气的情形下，电商的异军突起似乎又为国内餐饮业提供了新的契机。

如今，随着互联网的深入发展，越来越多的餐饮企业进入互联网浪潮中，都想在网络餐饮领域占有自己的市场份额，餐饮电商的竞争也逐渐进入了白热化状态。如何拥抱互联网大环境，运用互联网思维，依托互联网大数据发展自己的餐饮事业，便成了许多餐饮经营者思考的问题。

基于此，我们组织编写了《餐饮管理与经营全案——互联网思维创新餐饮管理和运营模式》一书。本书从互联网思维下的餐饮变革导入，分三个部分进行了编写。具体内容：第一部分（互联网思维创新之系统智能化）包括智能餐饮管理系统，智能点餐系统建设，智能结算系统建设，智能厨房显示系统建设，外卖业务系统建设，食品安全管控系统建设；第二部分（互联网思维创新之营销多样化）包括微博营销，微信公众号营销，短视频营销，会员大数据营销，APP营销，外卖平台营销；第三部分（互联网思维创新之服务品质化）包括营造优化服务环境，精心制作餐饮菜单，不断创新餐饮菜品，严格保证菜品质量，尽量满足顾客要求，实现智能化服务，提供人性化服务，打造特色化服务。

本书以浅显易懂、平实幽默的语言风格，通过大量翔实的案例，阐述了餐饮管理与经营的基本理念，可作为餐饮管理人员培训教材、专业培训机构或旅游学院的学生教材。另外，本书也适合作为餐饮企业员工手边便携书，随时翻阅学习。

在本书的编写过程中，由于笔者水平有限，疏漏之处在所难免，敬请读者批评指正。

本书还得到了深圳职业技术学院学术著作出版基金资助，在此深表感谢！

编著者

目录

第一部分
互联网思维创新之系统智能化

眼下，餐饮行业产业升级转型、技术创新，以及向智能化餐厅转变的过程是整个餐饮业的新领域、新方向。

第二部分
互联网思维创新之营销多样化

微信、微博、大众点评、抖音等互联网社交工具为餐饮业带来了很多新的机会。营销的方式是多种多样的，但主要目的都是提高粉丝的黏合度，能为我们进行宣传，以达到预期营销效果。

第三部分
互联网思维创新之服务品质化

随着服务行业的迅猛发展，服务品质越来越受到餐饮企业的高度重视，它不仅是餐饮企业扩大销售、争夺市场的重要手段，而且直接影响到餐饮企业经济效益的实现。因此，餐饮企业应不断探索提高餐饮服务品质的路径与方法，以谋求在未来竞争中的主动地位。

导读
互联网思维下的
餐饮变革

随着科技的发展，基于大数据和云计算的智能化时代正在加速向我们走来，各个行业都在探索利用智能化进行变革的可能性，餐饮行业也不例外。

一、餐饮企业面临转型

民以食为天，一日三餐必不可少，餐饮行业的发展对于社会民生尤为重要，作为第三产业的组成部分，对国民经济的发展起到了很大的推动作用。

近年来，互联网对各行各业都产生了深远影响，对于传统餐饮行业来说，互联网的巨大影响力和传播力不容小觑。如今，随着人们生活水平的提高，消费观念也发生了转变，对餐饮消费的需求也逐渐往个性化、多元化方向发展。为满足年轻一代主流消费群体的需求，餐饮企业需与时俱进、改革创新。

"互联网+餐饮"模式快速崛起，给行业注入了新的活力，业内人士纷纷加快互联网化、数字化、智能化的步伐，创建互联网餐饮平台，拓展新的营销渠道，为消费者提供一体化、智能化、便捷化的就餐服务。

可以这样说，餐饮行业已经从固有思维中的传统餐饮服务业向现代餐饮服务业接轨，已经从单纯的手工劳作进入到运用科技引领的新时代。

二、人工智能在餐饮业的应用

餐饮业一直饱受"三高一低"（房租高、人力成本高、食材成本高、毛利低）顽疾的困扰，而智能化可以帮助餐饮业节约用工数量、降低经营成本、提升管理绩效。因此，越来越多的餐饮企业（简称餐企）都在尝试将智能化技术运用到门店中。

比如，海底捞率先打出"智能餐厅"的旗号进行移动互联网时代社交互动的探索，也有的餐饮品牌进行智能餐桌和智能机器人的布局。

麦当劳打造了智慧概念的 Next 餐厅，到电子点餐柜点餐，屏幕更大更清晰，可手机支付。同时也可用手机点餐，而顾客只要找到座位，扫描桌上的二维码，服务人员会根据扫描信号定位，自动将餐品送到定位区域。

肯德基在北京推出了第一个人工智能点餐店，配备了智能机器人点单，首次将人工智能用在了连锁餐厅里，并表示正进一步扩展智能餐厅的布局，为客户打造更多创新和有趣的用餐体验。

当然，不同的餐企，对智能化的理解与应用不尽相同。目前来看，餐企的智能化应用主要体现在图0-1所示的三个方面。

体现一　**消费者入口整合终端**

整合门店自助终端、移动支付平台（微信、支付宝等）和第三方入口（饿了么、美团等）信息流，汇入一个终端设备上，提高信息利用率

体现二　**消费者门店体验优化**

通过智能系统，将收银、排队、预订、外卖、出发票等场景信息化，形成餐厅和顾客的实时互动，节省顾客等待时间，优化顾客就餐体验

体现三　**餐厅后台管理数据汇总**

将各门店消费者行为、经营成本和库存、物流数据汇总，帮助管理者进行营销和成本优化决策

图0-1　餐饮企业智能化应用的体现

"智能餐厅"是用智能化的思维和技术全面为餐企赋能，可以让餐饮企业的人力和资源得到释放，发挥更大的功效。餐饮企业的智能化探索已经从最开始的电子支付、接入外卖平台等常规动作，发展到现今在理念和技术上采取越来越创新的手段，餐饮行业的智能化转型已是大势所趋。

比如，2019年海底捞开设了3家新技术餐厅，其中包括首家海外新技术餐厅；机械臂自动上菜、中央厨房、智慧配锅机在多家门店小范围应用；传菜机器人已部署超过1000台，大幅提升顾客的就餐体验；后厨清洗设备全球部署超过500家，让后厨员工更轻松。

从餐饮产业链来看，智能化、自动化设备目前主要集中表现在顾客点餐、送餐及结算过程，特别是替代传统人手负责送餐环节的智能送餐机器人在2020年从"非必需"到"新标配"。机器人无接触服务对消费者来说，隔绝了配送过程中因人员流动造成飞沫等污染的可能性，可以让他们更放心点餐。在新冠肺炎疫情防控期间，送餐机器人这类智能化设备的"无接触"服务，减少了人员接触，降低了病毒传播的可能性，提升了餐厅食品安全保障水平。

小提示 ▶▶▶

在餐饮行业收入持续回暖的下一阶段，使用智能化、自动化设备将成为新标配，凭借着科技感和高效率服务，智能化设备将推动餐饮行业迈向新的发展阶段。

三、互联网+餐饮的发展趋势

如今，餐饮消费人群的比重慢慢向"90后""00后"倾斜，而这批消费群体的需求至少有图0-2所示的两个特征。

 他们的需求更加多样化，已经不仅仅满足于菜品"好吃"，更会考察餐厅的环境、卫生舒适度等多维度的体验

 他们大多活跃在移动社交媒体里，如微博、抖音、微信等

图0-2　年轻消费群体的需求特征

这些特征就要求餐饮企业除了做好菜品外，还需通过人工智能＋大数据实现对用户个性化需求洞察，不断提升顾客就餐的体验，对不同人群进行不同方案的营销，唯有如此才能留住顾客的心。

新一代年轻消费者生长于互联网时代，他们有着明确的互联网使用习惯，这也将倒逼餐饮经营者主动拥抱数字化变革，从采购到运输，再到餐饮售卖，餐饮行业品质化、智能化正在不断发展。

可以说，餐饮行业未来的发展趋势是行业结构转向、供给侧数字化、商业模式升维、智能商业、精细化运营，智能餐饮概念是以用户需求为中心，以大数据分析为基础来解构新餐饮。

未来，随着消费升级趋势进一步增强，数字化将成为各大餐厅经营环节中必须落地的标准动作。与此同时，我国餐饮业将逐步迈入品质化、绿色化、智能化、融合化的"新餐饮时代"。

第一部分
互联网思维创新之
系统智能化

导言

眼下，餐饮行业产业升级转型、技术创新，以及向智能化餐厅转变的过程是整个餐饮业的新领域、新方向。

第一章
智能餐饮管理系统

一、什么是智能餐饮管理系统

智能餐饮管理系统是基于物联网、云计算技术、大数据、智能软件及机器人设备为餐饮店量身打造的智能管理系统。通过客人自助点餐系统、服务呼叫系统、后厨互动系统、前台收银系统、预定排号系统以及信息管理系统等可显著节约用工数量、降低经营成本、提升管理绩效，如图1-1所示。

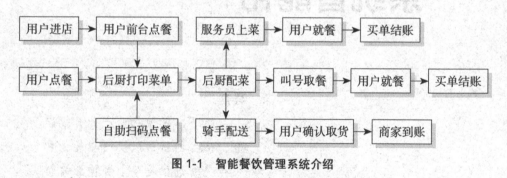

图 1-1　智能餐饮管理系统介绍

二、智能餐饮管理系统的价值

智能餐饮管理系统的价值体现在图1-2所示的方面。

1. 规范工作流程、提高运营效率

从开台到结账，每一步都是在系统上完成，规范了餐饮企业营业的工作流程，优化了操作环节，降低了劳动强度，从而提高了工作效率和运营效率。

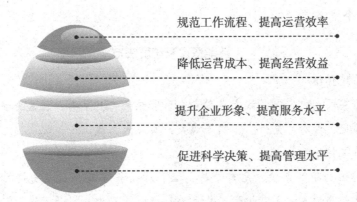

规范工作流程、提高运营效率

降低运营成本、提高经营效益

提升企业形象、提高服务水平

促进科学决策、提高管理水平

图 1-2　智能餐饮管理系统的价值

2.降低运营成本、提高经营效益

无线点菜、厨房监控、进销存管理，能节约人力成本、杜绝跑冒滴漏、降低运营成本，帮助餐饮企业节流；菜品管理、费用管理、会员管理，能随需更新菜品、拓宽营销渠道、增加经营效益，帮助企业开源。

3.提升企业形象、提高服务水平

店面运营统一管理，无线点菜提供给客人绝佳的用餐体验，服务效率和服务质量大大提高，多样的会员配置方案，提升企业形象、增加竞争优势。

4.促进科学决策、提高管理水平

准确实时的数据统计，科学精细的数据分析，为高效的人员管理、会员管理、进销存管理以及各种报表管理提供数据支持，大幅提升餐饮企业管理水平，帮助经营者进行科学决策，有利于企业发展壮大。

三、智能餐饮管理系统解决方案

智能餐饮管理系统解决方案就是帮助餐厅从购餐到结算的过程更加规范化，更加高效、有序。并且，强大的后台管理系统便于经营者查询、分析各种数据资料，管理者通过大数据智能分析与决策，可以实时掌控餐厅经营状况。

下面提供3份不同的智能餐饮管理系统解决方案，仅供参考。

范本一 ▶▶▶

××智能餐饮系统解决方案

1.系统介绍

专为餐饮用户定制的线上点餐和会员营销的工具平台，涵盖点餐、会员、营销、预定、外卖、支付、营销等业务，实现线上线下一体化。

2.系统特色

（1）扫码即可点餐，无需等待。微餐厅小程序及公众号支持扫码点餐，顾客自动点餐的方式无需排队，并且为餐厅削减人力、提升效率。

（2）会员营销，让新顾客变老顾客。公众号关注即会员，会员邀请实现指数级快速拉新；智能推荐储值与智能送券，刺激二次消费让新顾客变老顾客。

（3）自营外卖，摆脱第三方平台捆绑。提供自营外卖功能，帮助商家打造属于自己的外卖平台；摆脱第三方平台的捆绑和扣点，赚取更多收益。

（4）点餐页面多样化，适应多种场景。微餐厅内设多样化的点餐页面，为不同业态、不同营销方式提供多样的选择。

（5）电子发票，无需人工，顾客可自助开票。顾客扫描小票二维码即可自助填写信息完成开票，避免了在前台排队开票；用电子发票取代纸质发票，可为餐厅节省人力及耗材成本，永久保存、方便查找。

（6）小程序和公众号数据互通，实现一体化营销。微餐厅小程序和公众号的会员、订单、营销等数据全部打通，一体化的营销更方便。

范本二 ▶▶▶

××智慧餐厅系统解决方案

智慧餐饮系统通过自动化的软件系统及形式多样的硬件设备，首先将餐厅的各个环节信息化，免去了手写信息的麻烦，提高效率的同时也减少了出错率。智能点餐系统有效缓解了餐厅前台的服务压力，帮助餐厅降低人力成本。

一、系统方案优点

智慧餐饮管理系统平台简单好用，节省餐厅人力成本，提高工作效率，完美支持点餐，实现O2O无缝接入，真正为餐厅打造高效率的信息化管理系统。扫二维码点餐即客人通过用手机微信或支付宝扫描桌上的二维码，进入到餐厅的点餐界面，进行菜品点选、下单、支付等操作，然后等候上餐即可。

（1）门店客流分析：了解不同时段的餐厅客流量、客群属性，进而针对非高峰期做活动营销。

（2）餐饮管理系统：实时交易异常分析，有效提升稽核人员侦错效率，降低收银错账损失，防止监守自盗。

（3）连锁管理：简易好用的内容管理软件，有效管理连锁门店宣传。

（4）小程序点餐：云端软件一键更新多个连锁餐厅菜单，结合小程序以及公众号实时更新价格。

（5）预定功能：可以提前预订包厢，有效提高餐桌的翻台率。

（6）餐厅排队叫号：消费者在网上排队，有效管理餐厅排队人潮。

（7）智能厨房：提供顾客点餐查询、厨房点餐显示平台、客户满意度调查等。

（8）线上外卖：利用系统无缝对接第三方外卖平台或搭建属于自己的外卖配送平台，随时接收外卖的订单。

二、系统功能介绍

小程序出现的主要目的在于连接线下的服务场景，餐饮行业正是最大的线下场景。客人只需微信扫一扫二维码，无需关注，直接进入餐饮小程序，然后在小程序里完成微信支付，方便又快捷。

1. 移动点餐

搭建自己的外卖、预订、点餐平台，深度对接商家微信公众号，是完全属于餐饮门店自己的线上点餐平台，不再向其他平台缴纳手续费。

2. 预约排队

深度优化预约排队系统，结合小程序点餐流程管理实现自动叫号，快捷点餐快速入座。

3. 在线订座

顾客可在线选座、订座。可查看包间的照片环境，在线选择包间、大厅，在线订座、点餐。商家可设置包间有无最低消费、最少就餐人数可预订、手动释放桌位、自动释放桌位、预订座位是否要交订金等。

4. 在线点餐

顾客可选择菜品单点或选择套餐，选择是否参加满减活动、是否预交订金等。

5. 优惠买单

客人使用微信支付买单时，可以在小程序里自主选择多种优惠方式进行买单，如使用会员折扣、积分、优惠券等，这对于消费忠诚度的提升和二次消费是有极大促进的，同时有效降低了服务员的工作难度。

6. 外卖

餐饮门店通过点餐系统后台设置自动接单和手动接单两种模式，不接单自动退款；可按区域设置配送范围；设置起送条件，满多少配送；设置配送运费；选择菜品规格；设置多种促销活动（首单满减、满多少免配送费、满多少减多少）。

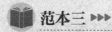 **范本三** ▶▶▶

××餐厅管理系统解决方案

1. 收银端

（1）双平台：基于B/S架构、集成支持双平台（windows/安卓）门店收银系统。

（2）多硬件：软件适配多种硬件设备，包括电脑、收银机、平板、手持设备，可按需购买。

（3）易操作：功能多而不杂、结构清晰、层次分明，不需要培训，操作简单易上手。

（4）聚合支付：支持多种支付方式，包括现金、支付宝、微信、会员卡，满足不同客户所需。

（5）营销方式：系统自带多项营销方式，商家可根据节假日揽客引流、唤醒沉睡顾客。

（6）打通外卖：无缝对接美团、饿了么外卖平台，实现自动接单、自动厨打。

（7）O2O全渠道营销：可核销美团团购券，利用微信卡包发送卡券至顾客手机，吸粉引流。

（8）会员管理：根据会员等级设置不同会员菜单，刺激会员储值并复购。

2.服务员

（1）手机APP：直接安装在手机上，不需要购买其他硬件。

（2）使用方便：员工自带手机即可使用，携带方便，随时可用。

（3）提高效率：提高服务员工作效率，现在3个人可完成原来5个人的工作。

（4）消息提醒：新订单自动提醒，即下即接，永不漏单。

（5）界面简介：功能设计简单，界面流程简洁，不需要学习成本。

（6）即装即用：安装上即可使用，软件不定期更新，丰富功能模块。

（7）长连接：保持通道长连，即时更新餐台状态。

（8）无纸化：告别手写点菜，点菜更快更省心。

3.老板端

（1）手机APP：老板无需到店，只需要打开手机，随时随地可以查看餐厅营业状况。

（2）报表：多项报表满足查看、分析需求，做到对餐厅财务状况心中有数。

（3）图表展示：支持多种图表展示方式，清晰明了，直观易懂。

（4）易维护：所有数据存储于云端平台，易实施、易维护、易升级、扩展性强。

（5）店铺管理：可以实时调整店铺基本信息。

（6）关联APP：一键启动×××服务员和×××进销存。

（7）财务管理：实时把控财务进账，随时提现，24小时到账。

（8）订单：堂食、外卖、预订订单及时更新，轻松查询订单详情。

4.进销存

（1）月结核算：支持负库存销售，跨时间补录库存类单据。

（2）单据：入库单、出库单、调整单、调拨单、盘存单，满足进销存所需。

（3）安全库存：当原料到达安全库存数值时，一键报警，提醒库管人员。

（4）一键采购：打通供应链上游，一键发送采购单至上游供应商。

（5）实时库存：及时掌握各项原料库存量，把控采购、销售周期。

（6）原料扣减：根据菜品设定原料配比，即销即扣，智能扣减原料。

（7）盘存：按周期对餐厅原料进行盘存，更正原料实际库存数量。

四、智能餐饮系统的选择

目前市面上有很多的智能餐饮管理系统，对于餐饮企业来说，应按如下方法进行选择。

1. 选择一家好的软件企业

选择一家好的软件企业，这对餐饮企业能够起到事半功倍的效果，否则损失是不可估量的。

餐饮企业的经营特点具有多样性，而流程又有相当的复杂性，需要软件开发商具备相当高的餐饮专业知识，否则开发的产品经受不住市场的考验。而选择不合适的软件属于决策性的失误，将极大困扰、阻碍餐饮企业的经营和发展。所以所选的软件企业要具备高经验度，这样才可以快捷借鉴先进企业的管理经验，把自己的风险降至最低。要知道，软件企业良好的技术维护队伍、专门的维护部门、定期回访等能够实际解决客户的后顾之忧。

一家餐饮企业要想成功，无论从经营上还是管理上，都要有自身鲜明的特色和长远的规划发展战略。有实力的公司可以根据企业的要求，做出准确的二次开发，满足将来的软件升级，不断调整软件的模块内容，使软件可以更好地为企业服务。

 小提示 ▶▶▶

选择软件不像选择其他的产品，使用不好可以随时更换。它将充分体现管理者的思想和管理核心。

2. 选择适合的餐饮软件

除了可以根据企业自身的规模和特点选择适合的软件产品以外，还要注意以下4点。

（1）要选择成熟稳定的产品。多家客户特别是连锁企业广泛使用的软件一定是经受了市场的考验，也必将是可靠的。

（2）要选择适应性强的产品。任何好的软件产品都具有很强的适应能力。餐饮企业的基本管理流程是大同小异的，如果软件只针对一家或几个客户开发，将不能满足大多数企业的需求。

（3）选择同一家公司的软件产品要有关联性、多样组合性。有的企业由于经营的多样性，可能需要多种形式的点菜系统，如果选择多家产品进行组合几乎是不可能实现的，而使用一种产品又不可能完全满足自己的需要，这样就要求软件公司可以提供多样性组合的产品。

（4）选择的软件产品要有拓展性和能够技术升级。任何好的产品都需要不断完善和技术升级，选择软件一定要充分考虑到该产品的拓展性和技术升级能力。

 小提示 ▶▶▶

市场上餐饮软件公司不胜枚举，我们建议餐饮企业选择一家有良好业界口碑的软件公司或是具有实际能力的代理公司为餐饮企业的信息化管理锦上添花。

第二章
智能点餐系统建设

智能点餐系统，有效利用自助点餐机、叫号屏、自助取餐等硬件，将餐厅前端软硬件、后厨与线上系统完美融合，实现餐厅一体化、智能化管理，提高餐厅点餐与管理效率的同时，提升顾客整体点餐体验与餐厅档次。

一、扫码点餐

移动互联网时代，用手机点餐成为新风尚，也为餐饮行业带来了新的发展机遇，点餐方式不断更新迭代，也是传统餐饮行业往互联网餐饮转型升级的重要一环。

1. 扫码点餐的特点

随着餐饮市场需求的不断变化，扫码点餐系统已经正式推出了正餐点餐和快餐点餐两种形式，以此来满足不同的顾客点餐需求，让点餐更加的人性化、便捷化、合理化。其中正餐点餐的功能比较复杂，包含一些加菜呼叫、续菜呼叫、多人点餐、店员加菜退菜等功能。

2. 扫码点餐的好处

现如今，无论是临街店铺，还是商场里的高端餐饮，大部分餐厅在保留纸质菜单的同时，上线了手机扫码点餐，手机扫码点餐不用排队、自助便利，不仅可以节省顾客的点餐、等餐时间，也节省了商家大量的人工成本。

当顾客进入店铺时，服务员只需要引导顾客就座，即可提示点餐请扫桌上的点餐二维码。顾客用手机扫码进入点餐界面，即可看到店里所有的菜品，不仅可以根据自己的喜好和需要点餐，还可以通过菜品图片有更直观的感受。在点完餐下单时，可以及时在线付款，也可以在用餐后，再进行付款，这过程中还可以扫码加菜。这样便捷的点餐方式，可以大量节省时间，提升用餐的服务体验。

微信扫码点餐不仅方便，在顾客完成点单，提交订单时，顾客桌号、菜品类别、价格、备注等信息一目了然，厨房也会及时接收、打印订单，而服务员只需要按照订单出餐、上菜即可。在用餐过程中，如果需要叫服务员，可以直接扫码呼叫，而不是大声呼喊服务员。

手机扫码点餐，让习惯了互联网消费、移动支付消费的顾客，用餐体验更好。即使部分顾客不熟悉、不会操作扫码点餐，同样还是可以由服务员提供服务。手机扫码点餐，不是要完全替代传统的人工点餐方式，而是提升餐厅的点餐效率和服务效率。

3. 扫码点餐的设置

餐厅可以通过PC端后台添加桌号，然后将点餐的二维码桌牌（桌贴）放置在餐桌显眼位置，顾客到店后就可以选择拿出手机扫码点餐，如图2-1所示。在点餐首页，餐饮店还可以推出本店特色菜、销量排行榜、当天特价菜等营销模块。

图 2-1 顾客扫码点餐

 小提示 ▶▶▶

由于客人是在座位上完成的点餐操作，这种方式就更适用于正餐店，对于需要按号码取餐的快餐店则需要配合叫号器使用。

4.扫码点餐的操作流程

当顾客排队取号进入餐厅就座后，通过用手机微信或支付宝扫描桌面上的二维码，进入到餐厅的点餐界面，进行餐品点选、下单、支付等操作，然后等候上餐即可，如图2-2、图2-3所示。

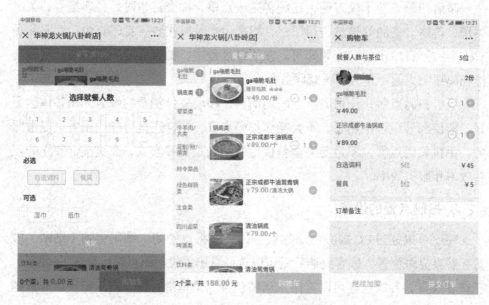

图2-2　扫码进行餐品点选界面截图

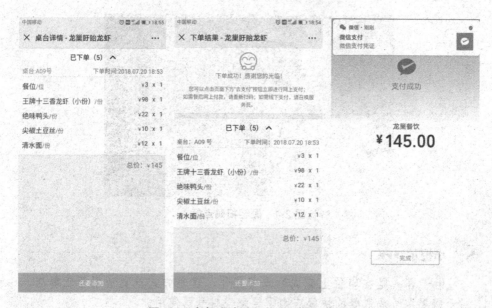

图2-3　点餐成功后下单支付界面截图

二、公众号点餐

餐饮商家通过公众号点餐系统，把店铺搬进微信，顾客通过关注餐厅的微信公众号，即可完成点餐、下单并在线支付。

1. 微信公众号点餐的特点

这种方式需要顾客关注餐厅的微信公众号，虽然比二维码点餐多了一步操作，但餐厅也多了一个留存客户的方式，通过微信公众号可以向顾客推送图文消息，还可开通微信外卖、微信预订、微信会员卡等功能，具有更多营销作用。

 小提示 ▶▶▶

> 虽然搭建一个微信餐厅需要花费几千元，但考虑到后续的粉丝转化和顾客留存，还是值得的。对于想做微信营销、微信外卖、微信预订等功能的餐厅来说，这种方式可以作为首选。

2. 公众号点餐平台的搭建

微信公众号的在线点餐功能是通过第三方开放平台来实现的，微信公众号本身是没有这个功能的，也就是说商家需要把自己的微信公众号绑定到可以提供在线点餐功能的系统上，就可以拥有自己的微信公众号网上餐厅，顾客就可通过这个点餐系统来点餐、下单、付款。

但是搭建这个在线点餐功能必须具备图2-4所示的两个前提条件。

 到微信公众平台官网，申请注册公众号并通过认证，公众号分为服务号和订阅号，餐饮类建议注册为服务号，可实现更多高级功能

 开通微信支付接口

图2-4　搭建公众号点餐平台需具备的条件

餐饮企业具备了上述条件后，选择一个微信公众号订餐系统，注册成为他们的商家，通过订餐系统验证资质后，绑定餐厅的微信公众号，然后餐厅在后台上传菜品和活动宣传等信息，就完成了整个搭建过程。

小提示 ▶▶▶

对于餐饮店而言，研发专属于自己的扫码点餐系统是完全没有必要的，因为成本太昂贵了。所以，直接挑选一家微信第三方平台是最适合的选择。

3. 点餐系统的选择

目前市面上的扫码点餐系统有很多，各大开发商都针对微信公众号二次开发了扫码点餐系统功能。对于餐饮店来说，应该从图2-5所示的4个方面来考虑如何选择点餐系统。

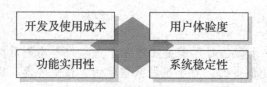

图 2-5 选择点餐系统应考虑的因素

4. 公众号点餐的操作流程

顾客通过扫描餐厅公众号的二维码或直接搜索餐厅公众号名称，然后点击"关注"，即可进入餐厅公众号界面，按提示操作即可实现点餐、支付，如图2-6、图2-7所示。

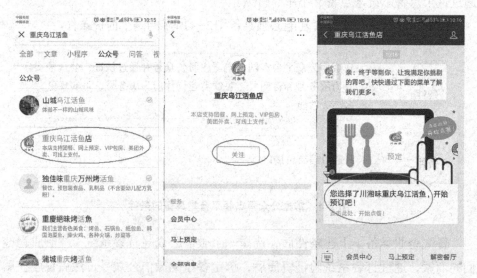

图 2-6 公众号点餐操作流程截图（一）

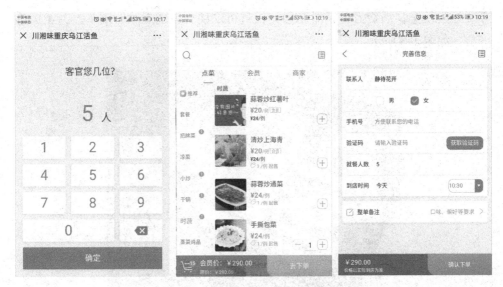

图 2-7 公众号点餐操作流程截图（二）

三、APP点餐

　　顾客通过下载一个APP，在APP中进入到就餐的餐厅，并进行点餐、支付等操作。这种方式的点餐环节与前两种没有太大区别，由于是在APP中完成的点餐操作，加载速度会比较快，界面功能也会更多些，但最大的问题就是需要顾客下载APP，这对于餐饮店的Wi-Fi环境、顾客的手机信号强弱、流量使用情况都是一个挑战。

 小提示 ▶▶▶

　　相较于仅需扫描二维码和关注微信公众号即可点餐的方式，这种需要下载APP的模式推广起来难度会比较大，顾客可能不太愿意为了吃顿饭而让自己的手机里多个来路不明的APP。

四、自助点餐机点餐

　　过去的餐饮店给我们留下的印象是，呆板的印刷菜单和推荐高价菜的服务员，现在取而代之的，是图文并茂的自助点餐机，菜品价格、图片甚至原材料介绍一应俱全，消费者轻轻滑动指尖，就可以独立完成点菜、下单，甚至买单环节，如图2-8所示。

图 2-8　顾客在自助点餐机上点餐

自助点餐机不同于以上三种在顾客手机中点餐的方式，它是在一个特制的机器上完成点餐，顾客就像在ATM机上自助提款一样，在自助点餐机上完成点餐、支付等操作。这种方式非常适合凭票取餐的快餐店，顾客接受程度较高，等于店里多了一个收银台、一个收银员。

虽然成本较高，一台机器需要几千到上万不等的价格，但相较于一个收银员每个月的工资来说，还是很值得的。

 小提示 ▶▶▶

自助点餐机有大有小，有像ATM机一样大的落地机器，也有像平板电脑一样小的mini机器，餐饮店可根据自己店内的环境情况，选择适合自己的设备。

第三章
智能结算系统建设

从1.0时代的现金支付，2.0时代的POS刷卡支付，3.0时代的扫码支付，到如今4.0时代的刷脸支付，消费者的支付方式与商家的收款方式不断地发生变革。

一、移动支付结算

如今，移动支付在中国已经不仅仅局限在线上支付，更是渗透到各行各业的线下支付场景。随着使用移动支付的人群越来越庞大，像餐饮店这类高频消费场景，移动支付更深受商户欢迎。

1.移动支付的好处

对于餐饮店来说，使用移动支付优势明显，具体如图3-1所示。

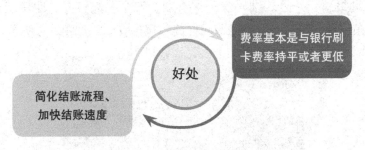

图 3-1　移动支付的好处

2.移动支付方式

目前餐饮店使用的移动支付大多采用以下3种方式。

（1）静态二维码支付。静态二维码条码支付就是大家常见、常用的方式，即将个人微信支付、支付宝等收款二维码打印出来，让顾客主动扫二维码输入金额支付的形式，如图3-2所示。

图 3-2　静态二维码支付

自2018年4月1日起，央行印发《条码支付业务规范（试行）》的通知，同一客户单个银行账户或所有支付账户、快捷支付单日累计交易金额不能超过500元。

 小提示 ▶▶▶

建议餐饮店最好采用客人桌边自助扫码支付，这样，客人买单时候不必离桌，掏出手机扫一扫桌位二维码，即可在他手机上调出消费账单，自己就完成支付。

（2）动态二维码支付。动态二维码（微信支付或支付宝收款二维码）每分钟都会自动更新，并且二维码仅一次有效，安全系数较高，即使超过500元，出示动态条码让商家扫一扫就好，同样简单也更安全，如图3-3所示。

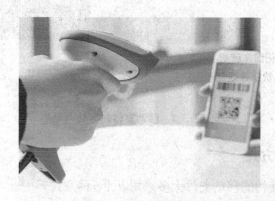

图 3-3　动态二维码支付

（3）系统直连支付。系统直连支付指的是餐饮店使用的智能收银系统，已经直接和支付宝、微信支付交易服务器打通，每笔交易，系统都会自动向支付宝或微信支付服务器发起请求，在得到支付宝或微信服务器反馈回来的成功完成交易确认指令时，收银系统自动关闭账单。在整个流程中，收银员无需手工录入账单金额，更无法手动关闭账单，一切都是由系统自动判断，这样，就绝对保证了商家交易和资金到账的完全一致，资金实时到达商家开设的支付宝或微信支付账户，不经过任何第三方公司，确保资金安全。

二、人脸识别结算

人脸识别结算系统是通过智能硬件搭载强大的云端服务赋能餐饮企业，结合人脸识别技术，在就餐环节，对就餐人员进行身份识别，结算过程中，通过人脸验证身份信息并提取其对应的结算账户，自动扣费结算，从而大幅提高了就餐的结算效率。

随着刷脸支付的到来，刷脸支付系统与刷脸支付设备，逐渐运用到普通消费者和商家的操作中。刷脸支付是应用了AI技术、云服务、识别技术、光生物技术等各类技术相互结合形成的互联网前沿技术。目前，有不少商家已经体会到刷脸支付带来的经营改变，这种方式不仅迎合了年轻消费者的消费习惯，也能给店铺带来更好的经营体验。刷脸支付系统与刷脸支付设备的优势如图3-4所示。

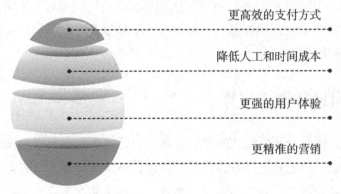

更高效的支付方式

降低人工和时间成本

更强的用户体验

更精准的营销

图 3-4　刷脸支付的优势

1. 更高效的支付方式

扫码支付的便捷性是毋庸置疑的，但还是需要智能手机作为媒介，而刷脸支付，支付媒介就是消费者自己独一无二的脸，刷脸自动扣款，不仅可以提高支付效率，也能减少消费者排队等待的时间。尤其是在手机没电、没网或没带时，刷脸支付的优势就越明显，无需手机、省去记忆和输入密码的复杂程序，减少人为操作环节，让支付变得更简单、高效。

2. 降低人工和时间成本

刷脸支付可以极大降低人工和时间成本，解决商家人工、场地、支付设备等成本问题。成本降低后，可以给消费者更多的优惠，全程无感支付，也让消费者可以体验到支付的乐趣，迎合大量年轻人的消费习惯，对商家来说，解决了高峰期人流问题，减少消费者付款时的等待时间，清除排队时的焦虑情绪，让收银更加轻松。

3. 更强的用户体验

刷脸支付是以生物信息识别技术做支撑，可以做到精准的人脸识别，出错率极低，在安全上也有保障，可以杜绝冒名使用账户的情况。而且识别和支付都是在极短的时间内完成，用户几乎感觉不到就已支付成功。随着刷脸支付设备的普及和大量应用，大家会很快接受更强、更高效、更便捷的支付体验。

4. 更精准的营销

4.0时代的刷脸支付，不仅可以支付和收款，更可以做到顾客精确定位和精准营销。这种数字化营销打通线上经营与线下场景，可以增加会员转化率，提升顾客复购的概率。

三、自助称重式结算

近年来，随着个性化餐饮的蓬勃发展，自助式餐饮已经成餐饮市场的一个重要组成部分。目前有包括麻辣香锅、冒菜、麻辣烫等餐饮，顾客可自助选择新鲜食材，通过称重计费的模式完成消费。这对于顾客来说，形式新颖，吃法独特，极具吸引力。

自助称重式结算系统是通过在碗、碟等装菜、饭、汤等器具里嵌入一块RFID芯片，用一个自动的系统往芯片里写入和读出数据，盛有饭菜的碗碟等器具放置在计价台上，计价台自动判别装的是什么菜、什么价位等，以避免人为差错，语音提醒用餐人员付费，加快结算速度，如图3-5所示。

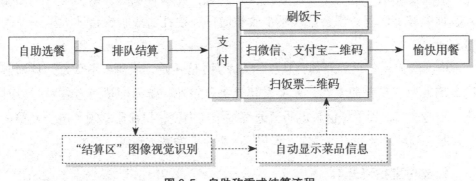

图3-5 自助称重式结算流程

与传统结算方式相比，这一新的结算方式解决了两个核心问题。

（1）从顾客角度出发，较好地解决了"数量与分量"的需求矛盾，即在有限花费的前提下，可以尽量选择更多的品种和更全面、均衡的营养。

对于胃口好的人，可以挑选那些蛋白质、脂肪等含量更为丰富的高能食品，一定程度上还让这部分食客产生"占了便宜"的心理效应，达到吸引"回头客"的效果；对于讲究搭配、喜欢素食的客户来说，因为选择的多样性和较好的用餐体验，也觉得物有所值。

（2）从餐厅的角度看，因为采取了"以低补高，均衡摊销"的方式，可以基于大数据分析进行合理定价，不用担心因高价脱销、低价滞销而吃亏的现象。退一步讲，餐厅还可以适时调节高、低成本品种的配置比例；更大的好处是因为相对标准化的操作，厨师现货现炒，可以根据现场销量情况及时进行适销对路的操作，大大减少菜品剩余，节约原材料。

另外，厨师在某种程度上履行了"面对面"服务的功能，减少了传统模式那种厨房与供菜分离的环节，节省了不少人力和流程；食客自行清理餐桌和归送餐具，又让餐厅节约了可观的人工投入。如图3-6所示。

不过，餐厅智能结算系统不仅需要专业设备，而且在餐厅建设上有特殊要求，即需要设置菜品自选区。

图3-6 自助称重式结算

四、扫码开票

给顾客开发票常常是让商家头疼的问题。和顾客确认开票信息、手动输入各项内容等流程，都会耽误不少收银时间，往往造成收银台前大排长龙的现象。

根据国家税务总局新规，从2017年7月1日开始，消费者不管是开具增值税专用发票还是普通发票，只要发票抬头是企业，都需要填写企业税号。对此，税务部门加大了增值税电子普通发票推广力度，目前已实现了电子发票在公共服务领域以及物流、餐饮、零售等大型企业的基本覆盖。

1. 支付宝扫码开票

支付宝为商家提供了闪电开票的解决方案，通过支付宝扫二维码即可自动解析出企业的开票资料，并快速开出纸质或电子发票。如图3-7所示。

图3-7 支付宝扫码开票

以餐厅为例，顾客只需打开支付宝扫描餐厅柜台上的二维码，在手机上输入企业抬头，即可解析出企业的开票资料。确认开票信息无误之后，提交开票申请，餐厅就能快速开具增值税专用发票。第一次使用后，企业开票信息会自动保存在顾客的支付宝账户，下次顾客扫码开票时，直接点确认即可。如果输入企业抬头后未解析出相关信息，用户也可以手动输入，永久保存。如图3-8所示。

图 3-8　支付宝扫码开票截图

使用支付宝闪电开票二维码，商家的开票时间可以缩短三分钟以上，大大提高了商家收银的效率。更重要的是，使用顾客自行保存或二维码解析出的企业开票资料，可以保证内容的准确度，避免以往顾客书写相关信息时因字迹模糊等原因造成的输入错误，避免不必要的损失。

2. 微信扫码开票

微信提供了"微信闪开发票"的功能，在已接入这一功能的餐厅，扫描前台的开票二维码后，按提示确认自己的发票信息，收银员在对接的系统上就可将发票打印出来。如图3-9所示。

图 3-9

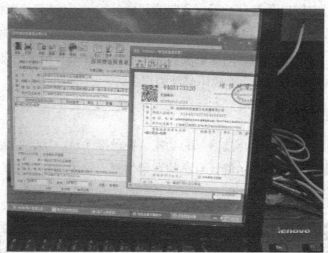

图 3-9　扫码开票流程截图

第四章
智能厨房显示系统建设

有序高效地出菜是餐厅提升顾客就餐体验的重要一环，也是提高餐厅翻桌率的因素之一。智能厨房显示系统（Kitchen Display System，以下简称KDS），颠覆了传统的后厨出菜模式，在前端下单与后端出菜之间赋予了一套全新的电子化流程。

一、什么是智能厨房显示系统

在出菜口和后厨分别架设KDS设备端（触控一体机），当前端POS机完成下单，每桌订单即传到后厨KDS设备端，厨房出菜时确认每单已完成，同时送餐员接菜时在出菜口KDS设备端确认已送餐。整个流程环环相扣，避免漏单，降低口耳相传造成的下单误差，便于厨师根据订单顺序及菜品类别合理规划出菜，提高出菜效率。如图4-1所示。

图4-1　KDS后厨显示界面截图

二、智能厨房显示系统的功能

智能厨房显示系统的功能如图4-2、图4-3所示。

功能一 智能管控菜品的出品进度，前厅点菜信息实时传递到后厨，保障厨房菜品制作流程顺畅，提升出菜效率

功能二 全流程监控，智能管理不同来源菜品，灵活切换菜品制作进度，保障菜品准确高效地从后厨传送至顾客

功能三 传菜页面自主配置，支持订单模式、商品模式等，自动区分堂食、外卖，有效提升订单效率，新订单语音提醒、订单超时预警，及时提醒避免错单漏单

功能四 商品列表智能排序，催菜、加菜信息同步处理，支持超时订单快速查找，有效提升工作效率，省心更省时

功能五 取餐叫号语音提醒的同时，向顾客发送一条微信提醒，确保取餐信息准确送达

图 4-2　智能厨房显示系统的功能

图4-3　KDS 系统取餐叫号提醒

三、智能厨房显示系统的应用

KDS的应用已被越来越多的餐厅纳入到智能化改造工程中，帮助后厨改善出菜管理流程。

比如，××快餐店采用××触控一体机作为KDS设备终端，15英寸轻薄

型的机身分别挂于厨房及出菜口，在空间有限的快餐型后厨并不占据太多位置。同时，触控式一体机相较于传统的快餐业所用按键式设备，操作更灵敏便捷。整套KDS系统切实节约了餐厅点餐员与厨师之间的沟通成本，减少了出餐出错率。

××店在导入KDS系统时，应外卖的火爆需求，将外卖订单与堂食订单一起统整进KDS。对于厨房而言，所有的订单都可以统筹分配出菜流程，免除了堂食与外卖两套系统的分离式操作。对于服务员而言，也都能够在出菜口的设备上查看每一单的进度，以及确认出菜完成的状态。

在后厨端KDS设备上，餐厅可根据本店销售餐点类型去分类所需准备的菜品，有利于同类菜品同时烹饪，提高效率。在出菜口KDS设备上，餐厅可以按照不同需求来区分菜品的准备进度，比如分为准备区、出餐口、已出餐三种阶段，以此便于服务员及时告知顾客餐品状态，给予顾客更佳的就餐体验。

第五章
外卖业务系统建设

如今，餐饮行业被诸多网络平台所交叉覆盖。与此同时，随着移动互联网的普及，去平台化、去中心化趋势日渐明朗，许多餐饮企业和新型创业者也勇于触网，想靠O2O模式做餐饮，最直接的落地形式就是外卖业务。

一、搭建自营外卖系统

在外卖成本日趋增高的情况下，餐饮商家自营外卖可以看作是增强对自身品牌掌控的一个举措，同时也是更加贴近用户的方式。随着餐饮行业整体从粗放走向精细，自营外卖的品牌商家也逐渐多了起来。实际上，餐饮商家自己的粉丝是做自营外卖的最好群体。将自己品牌的粉丝运营起来，重视线下流量才是解决店铺外卖拓展新的突破口。

那什么是自营外卖呢？具体来说，餐饮品牌做自营外卖意味着顾客不再需要通过美团、饿了么等外卖第三方平台点单，而是通过品牌自建的公众号（或小程序）和APP下单。

与肯德基宅急送、麦当劳麦乐送等自营配送团队不同的是，目前市面上自营外卖的餐饮品牌多选择和第三方配送平台合作，如顺丰、达达、闪送等；而在流量获取时，则是利用微信公众号进行点餐、优惠、庆典等活动拉取。同时，餐饮品牌自建会员模式，每一个注册用户，可成为店内会员，或享受折扣餐品，或待订单完成时享受会员价，以此建立属于品牌的忠实客群。

外卖行业的本质是提供精细化服务，对于想要搭建自营外卖系统的商家，需要认真思考，在打造自己品牌的外卖平台时，要加强以下3个方面的管理。

1.在配送服务管理方面

在配送服务管理方面，商家需完善外卖配送管理系统。在配送端为配送员提供订单之后，根据订单对配送路线进行合理规划，保证配送的准时性，也提升了外卖配送服务质量。同时，通过智能调度将订单进行整合，降低物流成本，实现智能化配送。

2.在配送团队规范方面

配送员的服务态度对用户体验会产生直接的影响，因此商家在配送方式的选择上要更加慎重。同时，对配送团队加以规范化管理，为用户提供优质的配送服务。

3.在平台服务内容方面

在外卖线下整合之后，可以提升外卖平台的服务水平，提高用户留存。在形成稳定的用户群体之后，外卖平台可以拓展新业务，促进多元化发展。

小提示 ▶▶▶

　　商家想要挑选合适的外卖系统服务商搭建自营外卖平台，需要深入了解外卖市场需要什么，外卖用户又会想要什么。

相关链接 ▶▶▶

自营外卖平台如何突出品牌

1.统一的礼仪话术

如今很多服务行业都有规定的话术和礼仪，比如很多餐饮服务酒店，顾客一来，服务人员就会鞠躬，然后说欢迎光临等。由于每个人对同一种东西或制度的理解都不一样，因此统一话术，可以避免给顾客造成不信任感。而礼仪服务能将顾客地位拔高，也能让顾客消费上获得愉悦，同时觉得平台很专业。

2.统一服装

统一的服装给人以整齐、精神的感觉。外人看着，会觉得这是一个有组织有纪律、团结协作的集体，更容易让人产生依赖感。

3.统一外卖包装

良好的外卖包装不仅能够起到保护菜品的作用，还能让人第一时间了解产品，并由此产生下单的欲望。最近几年新闻时常报道外卖小哥偷吃外卖，而在外卖包装上加入封口贴，外卖是否打开过一目了然，让用户体验更安心。外卖包装仅仅可能是几毛钱的增加就能和其他外卖平台区别开来，做出差异化，包装的档次却有了明显的区分，也能增加用户的体验。

 范本 ▶▶▶

缪氏川菜公众号订外卖全新上线，美味一键到家！

2020年初，在新冠肺炎疫情期间，缪氏川菜为了能让更多的顾客尝到本店的菜品，在公众号"缪氏川菜"上全新上线外卖业务。

缪氏川菜公众号订外卖截图（一）

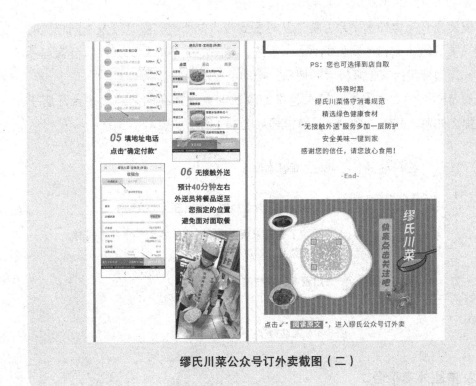

缪氏川菜公众号订外卖截图（二）

二、入驻第三方外卖平台

第三方外卖平台拥有市场上最大的外卖流量，是一个用餐饮业态为自己带来增值的公共平台，靠抽佣和第三方合作盈利，比如饿了么、美团，适合市场上所有想开展外卖业务的餐饮商家。

1. 饿了么平台

"饿了么"是2008年创立的本地生活平台，主营在线外卖、新零售、即时配送和餐饮供应链等业务。创业以来，饿了么以"Everything 30min"为使命，致力于用创新科技打造全球领先的本地生活平台，推动中国餐饮行业的数字化进程，将外卖培养成中国人继做饭、堂食后的第三种常规就餐方式。

在线外卖交易是饿了么的核心业务，主要从事用户和商户的交易撮合，目前已发展为全品类外卖平台，覆盖从早餐到夜宵的所有订餐时段及不同档次的餐饮品类。饿了么自主研发的Napos系统，是国内最早的外卖订单后台管理系统之一，为外卖商家带来极大的便利，推动了餐饮业的互联网化。

随着网络外卖的发展，越来越多的餐饮商家选择在网络外卖平台开店引流，那么如何入驻饿了么呢？具体流程如图5-1所示。

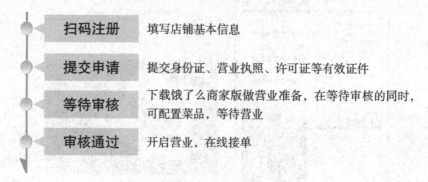

图5-1　入驻饿了么平台的步骤

2. 美团外卖平台

美团外卖于2013年11月正式上线，是美团旗下的网上订餐平台。上线之初，美团外卖挂靠在美团网上，借其流量入口，用户可根据所在地检索附近可送外卖餐厅，并进入后台直接点餐，在下单前留下送餐地址、姓名和手机号即可，支付选择货到付款的方式结算。

（1）入驻美团外卖的流程。商家入驻美团外卖的流程如图5-2所示。

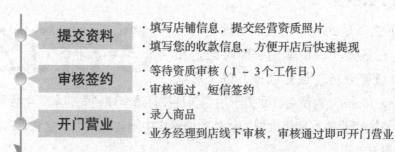

图5-2　入驻美团外卖的流程

（2）美团外卖的开店要求。美团外卖的开店要求如图5-3所示。

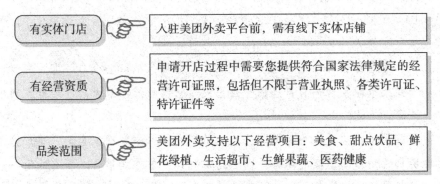

图 5-3　美团外卖的开店要求

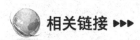 **相关链接** ▶▶▶

入驻第三方外卖平台与自建外卖平台的对比

1.入驻第三方外卖平台

（1）入驻第三方外卖平台需缴纳押金，一般都是按年算，且平台众多，同质化竞争较严重，长远不利于平台发展。

（2）平台要在每笔订单抽取提点以及配送费高达20%的抽点，让原本乐意使用平台的商户越来越无法接受。

（3）入驻第三方外卖平台，品牌与用户资源都是平台的，商家无法掌握用户群体。

（4）平台之间顾客随意流动性比较大，商家无法和新老用户形成黏性。

（5）平台上商家无法建立自己独立的会员系统、营销系统。

2.自己搭建外卖平台

（1）无须缴费入驻开店，更简单。比如微信外卖平台相当于商家自己家的门面做生意，不需要任何平台佣金；基于微信公众号建立，只需拥有一个微信公众号即可快速建立属于自己的微信外卖平台。

（2）无需下载第三方外卖平台APP，更省事。用户只需关注餐饮品牌微信公众号即可在线浏览菜单、下单、付款。

（3）促销活动发布更灵活。商家利用微信公众号平台即可打造自己的品牌，发布新品上市、商品折扣、促销活动等消息，提高店铺的知名度和吸引力。

（4）无同行竞争，更公平的营销环境。第三方外卖平台上商家众多，同质化竞争较严重。

（5）管理维护会员更自由。用户只要关注商家品牌公众号，即可成为会员，而商家也能轻松拥有自己的会员系统、营销系统，最大限度地开发新用户，提高订单量。

更重要的一点是，微信外卖平台上的用户是掌握在商家自己手里，为以后的会员营销打下坚实的基础。而通过入驻第三方外卖平台，所有的用户资源全部归属第三方外卖平台，作为创业者只是为这些平台做数据嫁衣。

三、外卖小程序的开发

点外卖已经成为很多食客的用餐方式，过去很多餐厅由于开发APP成本高，所以选择了入驻美团、饿了么等第三方外卖平台，但是小程序的出现，让很多餐厅都可以拥有自己的外卖平台。

1. 开发外卖小程序的必要性

近几年，越来越多餐企通过接入外卖平台开展外卖业务。外卖业务的开展，帮助商家扩展了经营能力，提升了门店营收。但通过第三方平台获客无法掌握核心的用户数据且需缴纳平台佣金，导致商户失去营销自主性，外卖利润越摊越薄。为解决商家在外卖业务上的现实难题，基于小程序，可帮助商户搭建属于自己的外卖平台。

餐饮外卖小程序打通"点餐——支付——出票——配送"等各个环节，实现一体化的营销管理。商户可自主创建外卖菜单，配置营业时间、配送范围、配送费用等参数，顾客在微信上就能完成下单支付，商户则可通过系统后台接收顾客订单，实现便捷的订单管理。

2. 外卖小程序的优势

对于线下商户而言，利用小程序有以下6点优势。

（1）可拥有强大的流量。利用餐饮小程序，将店铺搬到用户的微信里，背靠微信10亿流量，可以快速提升餐厅的线上销量。作为微信的力推产品，小程序的入口多，既可以通过附近的小程序查看，还可以通过微信下拉框快速使用，用户体验度高。如图5-4所示。

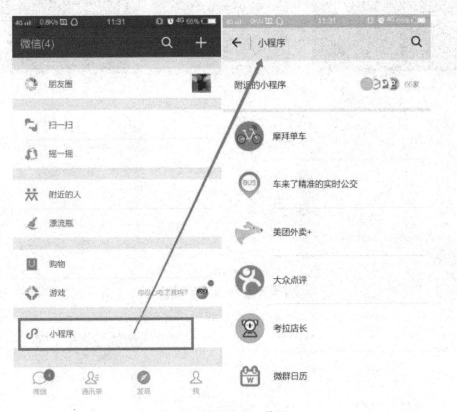

图5-4　小程序入口截图

（2）自助点餐，节省成本。用户通过点餐小程序在微信自助点餐、支付，不需要排队等待，节省收银时间，压缩餐厅的服务时间，提升换台率。

（3）自己的平台，留住客户。通过美团、饿了么等第三方外卖平台，用户数据都留在第三方，自己无法直接联系用户，而餐饮小程序属于自己的平台，用户数据自己把控。

（4）数据分析。通过餐饮小程序积累用户数据，让商户更加了解自己的顾客画像，可以针对性营销。

（5）会员管理。可以建立积分系统，留住老用户。如图5-5所示。

（6）订单同步。顾客下单后，订单直接同步至后厨，省去沟通成本，控制出错率，降低用餐高峰期餐厅服务压力。如图5-6所示。

图 5-5　会员管理截图

图 5-6　商家接单截图

3.外卖小程序的运营

随着小程序的上线与日活量的逐日攀升，不少餐饮经营者开始尝试连接小程序推出点餐与外卖服务，这种"排队不用等""人未到先点餐"的模式解决了用户需要排长队才能吃到某家独特餐厅食物的烦恼。那么，餐饮商家该如何玩转"小程序"呢？具体如图5-7所示。

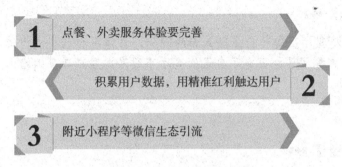

图 5-7　外卖小程序的运营要点

（1）点餐、外卖服务体验要完善。对比传统餐饮，小程序的最大优势是能将门店搬到线上，或者说，能把服务捧到消费者面前，且不仅仅是在店里。用户通过小程序排队，可以边排队边做其他的事，减少消费者不必要时间浪费，提高消费者体验；用户通过小程序下单，减少商家人力服务成本，还可通过小程序随时加单，再次提高消费体验；用户通过小程序点外卖，为商家留住"远方"的客人，为消费者提供"远方让自己念念不忘的美食"。

（2）积累用户数据，用精准红利触达用户。通过小程序记录用户消费习惯、数据等，商户可以更了解消费者，然后利用微信生态圈可以提供的功能、红利，及商户自身推出的营销活动等，为用户提供精准红利推送。

使用点餐小程序时，在保证用户数据安全的前提下，可以通过发券、评价、各种节日店庆活动、会员积分换折扣等方式，将红利发放给用户，让已经拥有的用户群体动起来，最终实现高转化率。

（3）附近小程序等微信生态引流。传统餐饮的客流量群体常常比较局限，比如我们逛到一个商场，赶上饭点需要吃饭，通常我们会在商场就餐区转一转，选择一家看起来还不错的餐厅就餐，而这些餐厅的主要消费群体也取决于这家商场的客流量。至于某小区、办公楼附近的餐厅，消费群体则通常来自周边的居民、办公人员，唯有知名度很高的餐厅才有机会获得来自"四海八方"

消费群体的驱车就餐。

商家上线小程序后，用户则可以通过附近的小程序在微信里发现商户门店，进而将线上流量引导到线下门店中去。

除此之外，那些微信生态圈中为小程序上线的多种功能与福利等，都能成为将微信线上流量引流到线下门店的好渠道。

 小提示 ▶▶▶

点餐小程序让餐饮行业进入新的时代，自建平台已经成为潮流，目前知名的品牌餐厅已经拥有了自己的餐厅小程序，客户数量的增加是有目共睹的。

 相关链接 ▶▶▶

入驻了外卖平台，为什么还要做小程序

互联网时代诞生的团购平台、外卖平台以及小程序，其实对商户来说都是引流工具。

经历过烧钱大战，平台流量趋于饱和，流量寒冬来临，因此许多平台纷纷开始拓展新业务，比如美团开始做新零售，整合衣食住行各方面的线下商户，微信连接的综合服务商更是数不过来，2017年上线的小程序更是凸显了腾讯的野心。

微信小程序已把餐饮美食作为第一个添加的标签。打开微信的一级菜单"发现"，进入"小程序"，再进入"附近的小程序"，会发现目前除了综合的小程序之外，只有一个"餐饮美食"的标签，选择一个开通了小程序的餐饮商户，就能看到商家信息、菜品图、价格、餐厅环境、用户点评等信息，实现了对外卖平台功能的全覆盖。

那么，我们一起来看看小程序相较于外卖平台（如美团外卖）的优势何在？

看点一：依托微信这个超级APP轻松获客，由附近小程序创造的餐饮场景可PK美团。

微信作为超级APP，与用户黏性非常强，兼具熟人社交、工作社交属性，用户的使用场景更加多元，它集社交、资讯、支付等各种服务于一身。

　　据腾讯官方公开资料显示，截至2018年3月31日，微信月活跃用户达到了10.4亿的规模。相比于团购、外卖等平台还要耗费巨额成本去引流，小程序背靠微信这座大山，线上流量的获取优势十分明显。

　　更可怕的是，小程序还开通了"附近的小程序"，这意味着其线上获取的流量可以很快变现，在线上，用户想点外卖，小程序完全可以满足，而用户如果想到线下去吃堂食，也可通过小程序进入商家页面，了解打折促销、新品上市等信息，从而决定去哪儿吃、吃什么。

看点二：小程序可帮商户建自有流量圈，餐饮商户自由度更高、可发挥空间更大。

现在餐饮商家线上引流成本越来越高，而且商家花钱引来的流量并不是自己的专属，而是在无形中扩大了平台的流量，更要命的是，最后还要接受平台的抽点，要花更多的钱从平台处买回自己的流量。

也就是说，餐饮商户寻找平台合作的痛点有两个：一个是成本太高，一个是因为没有自己的流量圈，难以留存用户。

而现在小程序出来了，它的外卖功能已基本实现。相比于外卖平台大而全的服务，小程序为每一个商家提供一个独立页面，商家自己就能进行个性化服务设置，比如提供什么优惠、选择第三方配送还是自己送、是否提供分期、做什么活动，都由商家自己决定。商家通过注册会员的方式，还可获得自己的用户，逐步建立自己的流量圈。

比如，在美团上，麦当劳就只能做外卖、优惠这些简单的活动，而麦当劳在推出i麦当劳小程序后，已开始通过做活动实现线上线下联动。

麦当劳做的活动是用积分换免费甜筒或神秘礼物，获得积分的前提是用户到麦当劳门店，并在人工柜台通过手机扫描买单。这一活动是麦当劳为了让更多人走进餐厅，为门店引流而设置。

除此之外，还有更多可发挥空间，因为商家拥有了自有流量圈就意味着有了庞大的消费数据，而数据的价值对餐饮行业来说是不可估量的。

第六章
食品安全管控系统建设

食品安全是国计民生的大事，也是整个餐饮行业发展的基石。餐饮企业对食品安全的重视力度和把控能力成为一家餐饮企业能否成功的关键生命线。

一、什么是食品安全管控系统

食品安全管控系统是指借助科技、数据力量，将大数据、区块链、先进供应链、交易平台等新技术应用到食安监管领域，全力保障餐饮业食品安全而专题开发的信息化管理系统，具备预警、追溯、培训、信息传递等功能，使监管部门与餐饮单位之间建立一种即时的可互动的监管体系。

二、食品安全管控系统的功能

食品安全管控系统的功能如图6-1所示。

功能一	通过打造全链条、实时、动态、闭环式联动的食品安全管理机制并信息化数据化，易实时查看，可从细节环节溯源
功能二	从提前预防到过程监督再到事后追溯，建立起一套完整的风险防范机制，真正实现来源可查、去向可追、质量可控、责任可究
功能三	通过搭建智慧监管云平台，将原本分散的数据源统一起来集中管理

图 6-1

功能四 ▷ 通过电子化和信息化手段，搭建连接学校、社会公众、供应商和政府监管部门的数字一体化平台，系统根据收集到的数据智能进行统计分析，自动生成大数据看板，辅助监管部门管理

功能五 ▷ 通过系统自动巡查、AI智能识别、智能预警，辅助监管部门进行监管，降低监管部门工作量，提高监管效率

图6-1　食品安全管控系统的功能

三、食品安全管控系统的方案

食品安全管控系统可以帮助餐饮企业做好高质量的食品安全管控，通过食品质量的提升从而改善客户体验，降低餐厅成本，减小企业风险。

下面介绍两个不同的食品安全管控系统的方案，仅供参考。

范本一 ▶▶▶

××餐饮食品安全管控系统解决方案

该方案在设计时，充分考虑到了监管部门、餐饮机构管理方、公众的多方需求，同时针对监管部门、社会餐饮机构等应用场景的不同需求进行了相关优化，是一套通用性高、实用性好、安装便捷的食品安全行业解决方案。

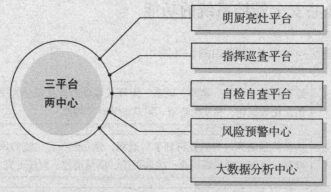

明厨亮灶平台

指挥巡查平台

三平台两中心　自检自查平台

风险预警中心

大数据分析中心

1.明厨亮灶平台

（1）本地大屏公示。通过本地大屏，餐饮机构可在播放后厨直播的同时，展现食安等级、溯源数据、公告内容、图片资料、每日菜单等信息，所有信

息均可自行设置，支持多模板搭配。

（2）手机端公示。社会公众可通过微信公众号、微信小程序或扫描二维码等方式，查看餐饮机构每日食谱、食材来源、饭菜成品制作的各环节，监管直播视频，以及历史影像快照等公示信息，确保食材从采购到制作安全、可靠，吃得安全、吃得放心。

2. 指挥巡查平台

智能预警
食品保质期、价格波动、违规操作、库存不足、食品安全风险等实时预警

巡查看板
一页看完管理全貌，10秒实现高效巡查

指挥巡查
平台

大数据分析
人、财、物、事多维度综合分析，可视化呈现，支持按需定制

信息发布
支持采用短信、语音、微信、应用消息、公告等多种载体批量发布信息

数据查阅
随时查询任一时间点视频、影像、票证、库存等历史数据

（1）通过可视化、可控化的平台，实时查看餐饮机构今日所有安全信息，包括直播广场、今日预警内容、今日现场、工勤人员、就餐计划、废弃物处理、

物联网设备等信息，并且可以自定义巡检界面展示内容，真正做到一页遍览管理全貌，10 秒实现高效巡查。

（2）通过远程语音、喊话预警，使监管更加高效。

3. 自检自查平台

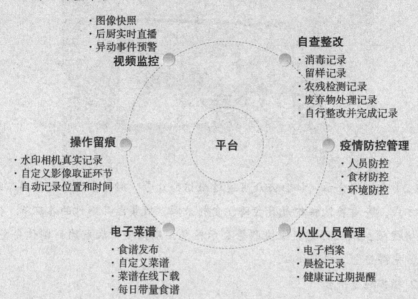

视频监控
· 图像快照
· 后厨实时直播
· 异动事件预警

自查整改
· 消毒记录
· 留样记录
· 农残检测记录
· 废弃物处理记录
· 自行整改并完成记录

操作留痕
· 水印相机真实记录
· 自定义影像取证环节
· 自动记录位置和时间

平台

疫情防控管理
· 人员防控
· 食材防控
· 环境防控

电子菜谱
· 食谱发布
· 自定义菜谱
· 菜谱在线下载
· 每日带量食谱

从业人员管理
· 电子档案
· 晨检记录
· 健康证过期提醒

针对自检自查平台选取重点介绍如下。

（1）操作留痕。通过物联网设备（手机摄像头、监控摄像头、取证电子秤等），对重要监管环节（加工现场、晨检现场、消毒现场等）进行影像取证，取证后的信息实时传递到平台，监管部门可通过平台安全卫生模块实时查看监控影像或视频。

所有采集到的现场影像，自动上传的同时会自动生成拍摄时间、拍摄人、拍摄地点（GPS 定位）等不可篡改的"水印"信息，确保真实取证，全环节可溯源。

（2）自查整改。根据监管部门要求完成每日必做任务，并进行任务未完提示。

根据预警中心发现的违规操作进行自行整改，并完成整改记录。

（3）疫情防控。通过疫情防控看板，实时了解区域内机构是否按照规定加工和操作。

4. 风险预警中心——AI 识别

通过 AI 智能，自动识别工勤人员未佩戴帽子、未戴口罩、未戴手套、玩手机等违规情况，并智能预警，降低监管工作量，提高监管效率。

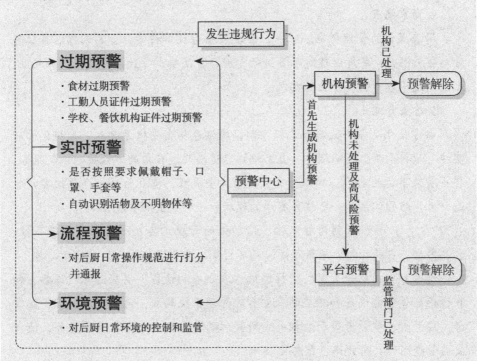

5.大数据分析中心

大数据中心可通过收集到的不同数据建立起不同的大数据库，根据不同用户的管理需求，从不同维度对数据进行筛选分析，从而监督各个环节的运维情况（包含人员分析、打分分析、消毒情况分析、晨检分析、检查结果分析、违规分析、出入库分析、食材分析、投诉占比分析、设备在线分析、用工统计、管理情况等）。

 范本二 ▶▶▶

××食安云平台解决方案

1.客户背景

××××餐饮管理有限公司成立于 2009 年，注册资金 2000 万元，由长期从事高校餐饮服务工作的专业人员发起成立，经营区域覆盖江苏、安徽及周边地区。

2. 商家痛点

厨房操作间管理标准不统一，管理表格存放不科学，食品制作器具位置分类摆放混乱，餐厅经理对于员工的管理存在困难，导致操作现场秩序混乱，无法满足甲方对团餐企业的要求。

3. 方案介绍

该方案立足源头控制和过程控制，提供包括食安体系导入、目视化管理实施、原料检测、现场辅导、员工培训、追踪改进在内的"六位一体"服务，覆盖餐饮单位的采购、加工、烹制、售卖全流程，意在为每一个餐饮客户打造一套卓越的体系、一个整齐有序的现场和一种完美的管理模式。

"××云平台"利用智能化、信息化的管理工具及手段，集明厨亮灶、食品留样、农药检测、原料溯源、动环监测、食堂巡检等六大功能于一体。

这套方案由电子大屏、留样终端、农残检测设备、供应链管理设备、物联传感器等智能设备和相应的食安智能管理系统构成，为餐饮单位提供就餐者、经营者、监管者等利益相关方所关注的食品安全信息化监管服务，使食安监管透明化、高效化、信息化。

4. 解决方案

××食安为其设计了精细化管理机制。

（1）目视化管理：××食安将以前放在文件盒里的质检员管理表格统一上墙，让质检员可以第一时间了解自己的管理更新情况。

（2）现场辅导：××食安将所有物品进行了分区、分标识的管理，后厨现场定了流线和地面地标线，专门安排人负责清理地面的水渍，让每个人有序工作，彼此之间协作顺畅。

（3）员工培训：为餐厅经理制定了明确的奖惩制度，赏罚分明，让努力的员工受到鼓励，让懒散的员工提高积极性。

5. 效果评估

（1）安全隐患避免：优化了20项管理标准，避免了15个安全隐患。

（2）工作效率提升：质检专员和厨师长工作效率均提高了20%。

（3）获得甲方认可：餐厅整体效率大幅提升，餐厅经理的管理能力得到了全方位提升，餐厅成为同业标杆，获得了广泛好评。

第二部分
互联网思维创新之
营销多样化

导言

微信、微博、大众点评、抖音等互联网社交工具为餐饮业带来了很多新的机会。营销的方式是多种多样的，但主要目的都是提高粉丝的黏合度，能为我们进行宣传，以达到预期营销效果。

第七章
微博营销

开放的微博社交在餐饮营销活动造势方面，有着广泛的号召力。微博最大的优势就是可以直接锁定潜在目标客户，只要做好关键词搜索，就能被更广泛的用户搜到，帮助餐饮企业做好口碑营销推广或者营销活动推广。

一、餐饮微博营销的特点

餐饮行业有3个特性，注定了它非常适合做微博营销，如图7-1所示。

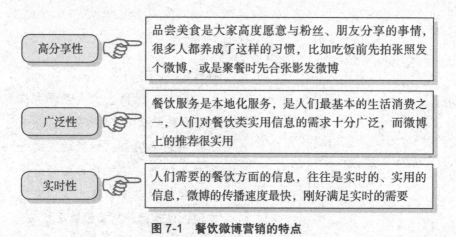

图 7-1　餐饮微博营销的特点

二、餐饮微博营销的好处

餐饮行业做微博营销能得到哪些实实在在的好处？具体如图7-2所示。

图 7-2　餐饮微博营销的好处

1. 食客的口碑传播

食客在发微博时，在无形之中向他的粉丝宣传了你的餐厅。一般食客发的微博里会包含总体评价（如东西好吃，服务也好）、产品推荐（如××菜品、××点心）、图片展示、地址说明等信息。

2. 属于自己的广告平台

鼠标点一下、手机按一下，就可以向成千上万的粉丝派发你的广告，粉丝喜欢的话，还会转发，帮你再次广告。能做到这点的，现在只有微博了，而且还具有图7-3所示的优点。

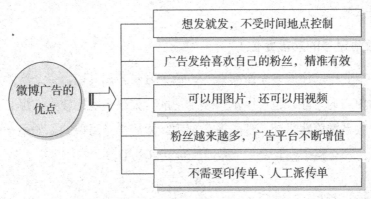

图 7-3　微博广告的优点

3. 食客交流的平台

餐厅放个微博大屏幕，食客可以随时与餐厅、与现场其他食客分享自己喜欢的美食。对于负面信息，餐饮企业可以直接在后台过滤，不让其展示出来。

4. 销售平台

（1）微博开通预订系统，食客可以直接预订。

（2）通过私信预订。

（3）通过微博预订送精美小食，可促进消费。

5. 自己的团购平台

餐饮企业可以根据产品情况，不受限制，随时发起团购；折扣自己定，不伤品牌；货款马上到账，没有账期。

6. 自己的招聘平台

餐饮企业可以在微博上发布招聘信息，最重要的是能免费发布，而且影响力还不小。

三、微博营销的要点

在互联网快速发展的时代，微博凭借高效的即时性、交互性及操作便捷性，在短短的两三年间已迅速成为国内最受欢迎的社交平台之一，拥有了数亿的用户资源，商业价值凸显。在这个微博当道的时代，餐饮企业应把握机遇，适时开展微博营销。

1. 微博账号的功能定位

餐饮企业可以注册多个微博账号，每个账号各司其职。一个微博账号可能承担相对单一的功能，也可以承担多个功能。如果企业比较大，那么在一个专门的公共关系微博账号外，建立多个部门微博账号是可取的。如果企业的产品比较单一，那么整个企业建一个微博账号就可以了。

 小提示 ▶▶▶

> 一般来说，一个微博账号可以承担了新产品信息发布、品牌活动推广、事件营销、产品客服、接受产品用户建议与反馈、危机公关等多项功能角色。

2. 微博形象设计

微博形象包括头像、昵称、简介、背景、活动模块等。其设计要求如图7-4所示。

要求一 ▶ 餐饮企业的微博形象设计要体现出亲切感，要能够吸引目标消费者，比如在活动模块板块，要配以图片和视频，以增加可视化和形象性

要求二 ▶ 要全面展示自身的特色，比如餐饮企业可以用自己的Logo或者招牌菜作为头像，同时在简介中对自身的特色进行简明扼要的阐述，让人很快就能了解这是一家什么样的餐饮企业

要求三 ▶ 要让消费者容易找到，餐饮企业要将所在的地理位置放入昵称中，并在简介中写出具体的地址，同时给出电话号码等联系方式

图7-4　餐饮企业微博形象设计要求

比如，巴奴火锅是火锅业较早开通微博的企业。为做好微博营销，巴奴火锅专门创造了"小巴"这个人物形象，她是巴奴的服务员，勤劳、乐观、开朗、略带"萌"。发布一系列"小巴"在店内服务时听到、看到的段子，深受微博粉丝们喜欢。

3. 创造有价值的内容

有价值的内容就是对微博用户"有用"的内容，能够激发微博用户的阅读、参与互动交流的热情。餐饮店微博的内容可以集中在以下5个方面。

（1）菜品推介。对本店的特色菜、新菜品进行介绍，还可以发布最受欢迎菜品统计数据。如图7-5所示。

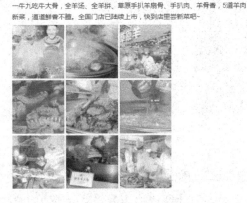

图7-5　西贝莜面村微博截图

（2）促销活动宣传。对节假日、店庆日推出的促销活动进行宣传，如图7-6所示。

图 7-6　广州酒家微博截图

（3）信息预告。对店内餐位是否满员、门前的交通状况、本日打折菜品、新推菜品、售完菜品等信息通过微博进行预告。如图7-7所示。

眉州东坡官方微博 **V** 🈯️

9月23日 07:16 来自 iPhone客户端

☐眉州早餐能量满满

☺三十厘米现炸芝麻大油条

🈳今日份热气腾腾早餐

☎我爱吃美食热线：4008 527 527

图 7-7　眉州东坡微博截图

（4）与消费者互动。如邀请消费者餐后参与微博点评、邀请粉丝参与菜品改良或新菜品设计、邀请粉丝评选本店最佳菜品等。如图7-8所示。

小肥羊 V 🌐
11月12日 18:00 来自 搜狗高速浏览器
不要控制，放开吃啦~

@做人太难了o
小肥羊可太养生了，绝不来吃第三次，最近还长了几斤幸福肥，要控制我几几啦！😭

11月11日 21:55 来自 iPhone客户端　　　　　　　　 ↗1　💬2

图 7-8　小肥羊微博截图

（5）品牌维护。对消费者的抱怨及时回复、说明情况，通过有效沟通维护企业的品牌形象。如图7-9所示。

木屋烧烤 V
4月23日 12:24 来自 微博 weibo.com
警察叔叔，你确定真的熟悉吗😳 图1展示的门店就是最近碰瓷很厉害的"李家木屋烧烤"。对外宣称是木屋分支，还打着木屋高管的名号，进行招商行骗！我们接受正当市场竞争，但不接受欺骗投资人和消费者的大骗纸！！！再次声明，木屋烧烤目前没有任何招商加盟行为，大家谨防上当受骗呀！

@深圳交警 V 🌐
#深圳交警一线# 熟悉的烧烤店，突然出现😂

4月22日 19:04 来自 Bunny小编Android　　　　 ↗5　💬20　👍47

图 7-9　木屋烧烤微博截图

4. 互动营销游戏

在微博上搞活动真正符合微博拟人化互动的本质特征。只要产品有价值，没人能拒绝真正的"免费""打折"等促销信息，很少有人会讨厌此类信息。

常见的微博互动活动形态，有以下5种。

（1）促销互动游戏，如图7-10所示。

图 7-10　海底捞微博截图（一）

尽量多做与产品相关的互动性游戏，如秒杀促销、抽奖等游戏，吸引微博用户参与。

（2）微博招聘，如图7-11所示。

图 7-11　海底捞微博截图（二）

节约相互了解的成本；直接在微博上进行初次"面试"；发挥人际传播的效应；低成本的品牌传播。

（3）奖励产品用户在微博发言，如图7-12所示。

呷哺呷哺 V

11月16日 11:28 来自 360安全浏览器 已编辑

三餐四季之间，我们一年一年按部就班地长大，即将迎来新的年终岁尾，呷哺为你准备了小惊喜～限量的那种 一起戳图来看！PS：怎么样，今年的台历小惊喜，你喜欢不？不要吝啬你的赞美，小呷全盘接收～11.18日18点整，我们会在评论中随机抽取5名幸运鹅，分别送出一本2021年呷哺呷哺新年台历…

展开全文 ∨

图 7-12　呷哺呷哺微博截图

微博是一个真正的口碑营销的好方式。鼓励已经使用或试用产品的微博用户发表使用体验，并对这些用户给予一定的奖励。

（4）试吃活动。如图7-13所示。

麦当劳 V

5月25日 08:41

脆香油条，加蛋升级！明人不说暗话，你有什么升级的油条吃法？选3个脑洞大神免费试吃～

图 7-13　麦当劳微博截图

在微博上发起低成本的菜品试吃活动，活动结束后鼓励试用者发布试吃体验帖子。

（5）慈善活动，如图7-14所示。

图7-14　毛家饭店微博截图

　　条件允许可以自己发起慈善活动，或者积极参与微博其他用户发起的慈善活动。对小的餐厅来说，参与"微支付"的慈善活动，并不需要付出很大的成本，却可收获很旺的关注人气。

四、微博营销的策略

　　餐饮企业微博营销的策略多种多样，但其本质就是为提升餐饮企业的品牌形象、得到消费者的肯定，以此来发展壮大企业、获得利益。一般来说，餐饮企业可以采取图7-15所示的策略来做好微博营销。

图7-15　微博营销的策略

1. 加强客户关系管理

客户关系管理就是企业如何与客户维持良好关系，是企业在经营过程中一种软实力的体现。其目的是要协助企业管理销售循环：新客户的招徕、保留旧客户、提供客户服务及进一步提升企业和客户的关系，并运用市场营销工具，提供创新式的个性化的客户商谈和服务，辅以相应的信息系统或信息技术如数据挖掘和数据库营销来协调所有公司与顾客间在销售、营销以及服务上的交互。

餐饮企业是属于服务型行业，客户的好评和回头消费显得更为重要，客户关系管理决定着企业生存的质量。餐饮企业的微博营销客户关系管理应做到图7-16所示的3点。

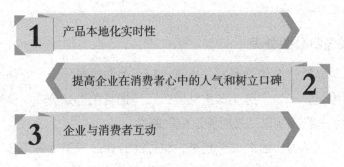

图 7-16　客户关系管理应达到的要求

（1）产品本地化实时性。产品是企业在经营管理过程中重要的资源，而客户更是企业的重要资源，如何让产品和客户有机结合就成了客户管理的重中之重，而产品的本地化和实时性，在一定程度上让产品符合了客户所在地域的文化和习俗，增加产品生命力，而微博的特性，让产品和客户的连接更为方便和快捷，增强产品对客户的吸引力。

（2）提高企业在消费者心中的人气和树立口碑。也就是与客户建立一种拉链式的客户关系，拉链上的每一个环节都要做到位。对餐饮企业来说，服务态度、菜品质量、企业定位、品牌形象等都是这个拉链上的重要环节，只有所有的环节都符合了客户的需求，那么企业才会在消费者心中树立良好的口碑和建立超高的人气，才有可能通过客户的口口相传，维护老客户的消费频率和刺激新客户的消费欲望。

（3）企业与消费者互动。餐饮行业是低交易额的大众消费行业，从业者重多，竞争激烈，而企业与消费者的互动无疑会拉近企业与消费者的距离，增加企业的亲和力。

比如，在店门口树立大型的显示屏，实时直播微博的画面，与消费者实时互动并且展示消费者的动态，也可以开展发微博有奖等活动，提高消费者的互动频率，也可以通过微博发布电子优惠券以及有奖问答之类的活动等，随时随地与消费者互动，提高企业微博的关注度，形成一种类似朋友之间的关系，相互信赖。

 小提示 ▶▶▶

基于微博营销体系中的客户关系管理，可以将原本松散的客户资源、市场、客服、销售和决策结合为一个有机的整体。

2. 重视危机公关处理

微博是重要的信息传播渠道，也是危机公关的重要平台。众所周知，危机公关的重要原则，一是要迅速做出反应；二是把真相告知公众。微博是即时性传播，注定了危机控制以"及时性反应"制胜。

微博可以让品牌快速地成长起来，也可能会让品牌遭受到重创，对于餐饮企业来说，一条简短的微博抱怨留言，足以对企业信誉产生一场危机。因此，餐饮企业的微博危机处理变得异常重要。具体策略如图7-17所示。

图7-17　处理危机公关的策略

（1）舆情监测，快速反应。微博的影响力基于它碎片化信息的现场感、即时性、互动性和链式传播效应。它以更广泛的能见度、可见度和口碑相传，让企业的形象、品牌、产品和服务直面公众评价，它让人品与产品、人道与商道、危机与商机无缝对接而富有无限可能的拓展思维和传播张力。因此，危机出现之后，第一时间发言，就等于抢到了发言权。

（2）参与互动，掌握舆论动向。微博与传统的传播方式不同，每个人在微博上都是多种身份、多种位置，每一个参与者，既是信息的发布者，又是信息的传播者，同时又是话题的创建者，也是活动的策划者，每一个参与微博的人，实际上是多种角色、多种形象在微博上出现。当人人都是媒体的时候，人人都在说话的时候，就需要舆论领袖来导向舆论，因此，在危机的应对过程中，企业应该积极参与，引导和掌握舆论方向。

（3）承担责任、坦诚的态度。危机出现后，企业必须立即处理危机，回答消费者的问题，解决疑虑。企业处理危机的态度对消费者很关键，学会换位思考，企业和消费者相互站在对方的立场去思考问题。

3. 适时发起公益活动

公益营销的本质是通过营销提高企业以及企业产品的形象，增加知名度，从而来达到提高销量的目的。为了更好地达到公益营销的目的，企业一般会选择和一些有影响力的公益组织，或者是利用一些热点事件，发起公益活动。

通过公益活动，整合企业的各方面资源和优势，围绕企业与公益活动的结合点，开展全方位的营销活动，达到多方共赢的目标。具体要求如图7-18所示。

要求一　**公益活动与产品特性的契合**

企业的公益营销要根据自己的定位、品牌、产品、目标人群来设置，树立企业特有的公益形象，同时将品牌和产品宣传出去

要求二　**对时事热点的有效监控**

企业应对网络事件保持高度的关注，观察和分析时事热点事件与企业产品和服务的结合点，发表博文，引出话题，吸引粉丝参与讨论，最终发起公益活动

图 7-18　公益活动的具体要求

五、微博营销的技巧

每逢节假日，不少酒店、餐厅都策划了精彩纷呈的活动，然而，在微博营

销方面,不少餐厅的营销方式单一,缺乏新意,效果并不理想。那么,餐饮企业如何做好微博营销呢?可参考图7-19所示的技巧。

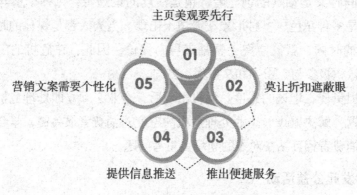

图 7-19 微博营销的技巧

1. 主页美观要先行

微博的特点是"关系""互动",因此,虽然是企业微博,但是也切忌办成一个官方发布消息的窗口那种冷冰冰的模式,要给人感觉像一个人,有感情、有思考、有回应,有自己的特点与个性。

微博网络账号的主页,一定要做好,美观、有设计感、符合品牌定位,这是最为基本的要求。

比如,在情人节来临之前,可以编辑一些与情人节相关的文章,专题版块鼓励原创内容,可以更加醒目,吸引用户关注。也可以制作与情人节相关的网站对联、爆笑弹窗、搞笑小视频等。如果条件成熟,可以考虑把整站的 CSS 背景换掉,让顾客能感受到节日的温馨气息,从而流连忘返。

2. 莫让折扣遮蔽眼

很多企业会存在一个误区,认为网络营销就是打折打折再打折,认为打折就可以提高销量。而事实上,网络营销过程中,情感的价值远远超过折扣。用户沉浸在节日的气氛中,沉浸在浪漫的气息中,而所有这些因素都不是由价格来主导的。此时,我们要考虑的是如何让我们的产品承载感情。因此,我们要做的不是一味地打折,而是挖掘产品的内涵,让它承载着更多情感成分,而非价格与折扣。

3.推出便捷服务

为了方便消费者，餐饮店可以推出微博订座、微博团购等便捷服务，并在官方微博和店内的显眼位置告知消费者本店已推出该项服务。这样，消费者有需要时，即可发私信给餐饮店确定订座人数、到店时间和大致消费金额等内容，餐饮店再根据当日整体订座情况在微博里向消费者发布订座详情，诸如几号台、哪个包间和领班经理的名字等。

 小提示 ▶▶▶

　　餐饮店可以对通过微博私信订座者提供适当的打折优惠、赠送菜品等措施，促使消费者使用微博订座服务。同时，餐饮店也可定期推出微博团购活动，吸引更多的消费者前来消费。

4.提供信息推送

当餐饮店拥有一定数量的粉丝以后，适当地给粉丝推送一些信息，就成为可能。餐饮店可以通过微博去了解消费者的相关信息，这些信息包括人口统计信息，如年龄、生日、性别、职业等，还包括粉丝的心理偏好信息，如兴趣、爱好等。了解到这些信息以后，就可以推送给他们以个性化的信息，包括温情关怀（生日、节日祝福等）、促销预告、友情提醒（路况、点评提醒等）等。

5.营销文案需要个性化

微博用户都是以休闲的心态来使用微博的，因此，餐厅微博营销的内容上尽量轻松幽默，给人很有趣的感觉，比如语言上尽量诙谐幽默，回复生动有趣。这样让粉丝本能地愿意去关注餐厅的微博，对增加品牌的亲和力也很重要。总之，抓住人性的特点和交流的技巧，才可以让餐厅的微博更受欢迎。

现在微博内容虽然不限制字数，但是枯燥的内容越少越好，10个字能说清楚的问题就不要拖长到11个字。同时，配以图片和视频也是化解枯燥乏味的好办法，人们本能地对视觉图像有兴趣，比如餐厅在进行情人节微博营销时配上对应的图片或视频更容易吸引粉丝的关注。

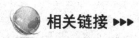 **相关链接** ▶▶▶

微博文案撰写技巧

餐饮企业利用微博进行营销能够取得非常好的效果，并且已经成为很多餐厅展开营销的重要手段，而微博营销要想取得良好的效果，就要写好微博文案。文案编写要依照一定的规则来进行，也就是说微博文案在编写的过程中要注重一定的技巧，而技巧主要有以下6种。

1.篇幅上要做到简短

现在发微博虽然对于字数没有限制，但微博文案还是要做到简短。每条消息最合适是100～120字。这主要是因为没有消费者喜欢读长篇大论的东西，简短的文字反而能让消费者喜欢。

2.内容要利于互动

餐饮微博文案的内容要利于互动，这样才能提高转发率。而具体方式可以是提问式的微博撰写，这样就能有更多的回复、更多的转发。举例如下。

（1）通过手机微博，当场成为本店粉丝，可赠送面巾纸一包。

（2）餐后参与微博点评，可获得代金券一张。

（3）微博提前预订餐位，可获得特价菜一例。

诸如此类的参与和互动，都可以随时随地的展开，并通过微博直播，达到充分的互动效果。

3.活动文案要以情动人

餐饮企业利用微博文案要给粉丝搭建一个情感倾诉的平台，可能会让粉丝在自己的微博圈内多次转发。举例如下。

（1）"感恩节，送围脖"南昌天气老耍酷，不是降温就起雾。感恩节，和A先生一起感恩送温暖吧。无论你现在多忙，给自己一分钟，闭上眼睛，回忆那些值得你感恩的人、那些温暖和幸福，你想到了谁？转发此微博并@你想到的那个人。感恩节当天，A先生抽取五位感恩博友，给您和您@的好友各送一条围脖，一份温暖。

（2）优秀的咖啡取决于压力和温度，就像生活，必须面对压力，还要时刻保持热情。

（3）革命就是请客吃饭！不要独自吃饭！不要有求于人时才想起请客吃饭！赶快上新浪微博，@几个好友，一起吃吃饭，聊聊天，还能享受店家优惠，有多久没见你的朋友，发条微博邀请他吃饭吧。

诸如此类的文案能够以情动人，在让用户感受到温情的同时积极转发，并会以此来感动更多的人，引来更多的转发。

4.文案要有趣

餐饮微博文案应该做到有趣，有趣的文案会吸引消费者的目光，不但能促进消费，还能提高转发率。举例如下。

（1）我猜，水下60英尺的海底餐厅，很难借到火吧。

（2）爱分享，不爱独食。爱吃肉，也爱啤酒。爱红酒，也爱喝汤。我是谁？我就是标准吃货，一个懂分享、有态度的吃货。

（3）大块吃肉，大碗喝酒。其他的都统统靠边站，爱吃才是正经事儿！吃着火锅发微博，这才是最快意的生活！

诸如此类有趣的文案，能够赢来用户的会心一笑，同时能最大限度地感染他们，从而提高他们转发的积极性。

5.文案要能够激发欲望

文案还要做到的一点是能够激发消费者的欲望，所以餐饮企业要依靠微博文案向消费者传达经营理念。除此之外，文案还要能满足用户的某项需求，激发他们内心深处的欲望，用户才会积极了解你的餐馆，踊跃参加餐馆活动。举例如下。

（1）凡是来餐厅用餐者，对本店的服务态度、卫生、饭菜质量一切都感到满意而提不出意见者，加收3元，若能提出意见，则奖励3元。

（2）我们是台式自助餐厅，这里有近20个食盘分两排摆列着。我们是最特殊的自助，饭每人1元随便吃，奇特的是菜只讲重量，15元100g，不讲人数，不讲荤素。

诸如此类的文案能够告知品牌特点和经营特色，以引起消费者的兴趣和好感，说服消费者改变或建立消费观念，激发其购买欲望，进而促成其购买行动。

6.做好链接

不管是任何形式的微博文案，都要设置好页面链接。无论是照片视频，或者是餐厅宣传页面的定位，链接是你将有用内容分享给粉丝的途径。而研究也证明，带链接微博比不带的转发率高3倍。所以，在撰写微博软文的时候，不要忘记把餐厅宣传页的链接附上去。并且文字链接最好是在微博开头的1/4的位置，你讲了1/4以后，读者开始有兴趣，有兴趣以后，如果他想知道这个内容，就会点链接了；如果讲完以后，再放链接，如果用户觉得这个内容他已经知道了，就不愿意点这个链接了。

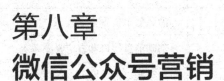

第八章
微信公众号营销

无论是在哪线城市，无论是哪个餐厅，微信公众号营销都是提高客单量的有效手段，而且微信的即时通信、准确定位可以简化线上预约、点餐等环节，实现高转化率。

一、微信公众号的创建

微信公众号是一个做CRM（客户关系管理）的绝佳平台，这个平台植壤于微信平台中，其流程简单、易操作，可相应降低对餐饮企业及消费者的普及、推广难度，而且在沟通、互动、服务、搜集用户信息和客户关系管理方面有不可比拟的优势。

1. 公众号类型的选择

微信公众号分为公众平台服务号和公众平台订阅号，两者的区别如表8-1所示。

表8-1　订阅号与服务号的区别

项目	订阅号	服务号
服务模式	为媒体和个人提供一种新的信息传播方式，构建与读者之间更好的沟通与管理模式	给企业和组织提供更强大的业务服务与用户管理能力，帮助企业快速实现全新的公众号服务平台
适用范围	适用于个人和组织	不适用于个人
基本功能	群发消息1条/天	群发消息4条/月

续表

项目	订阅号	服务号
基本功能	消息显示位置订阅号列表	消息显示位置会话列表
	基础消息接口有	基础消息接口和自定义菜单有
	自定义菜单有	高级接口能力有
	微信支付无	微信支付可申请

从表8-1可以看出，订阅号与服务号还是有很大的区别，那么，餐饮行业创建微信公众号是选择订阅号还是服务号呢？

对于餐饮企业来说，创建微信公众号的主要目的是通过推广餐厅产品，提升餐厅实际收益，树立企业品牌形象。餐饮行业的企业官微实际上是侧重"用户运营"的一个渠道。大多数媒体的企业官微都是订阅号，这是因为媒体需要实时推送最新的资讯，粉丝之所以关注也是希望可以获取实时资讯，所以类型和粉丝的需求是匹配的。但是作为服务业的餐饮企业官微，应该更加注重"用户服务和管理"，而不是一直推送餐厅单方面想要推送的资讯，换句话说，餐饮企业官微的粉丝的需求更加偏重于"服务交互"，比如获取餐厅的趣味体验机会、特价产品等，所以餐饮行业在选择官微注册的时候，大多会选择"服务号"。

2. 头像的选择

选择头像时，识别度越强越好。

比如，提起麦当劳，马上就能让人想起"M"字样。

对于餐饮企业来说，微信公众号的头像可以选择品牌卡通人物，可以放公司logo，具体放什么可根据企业品牌推广需求而定。如图8-1所示。

"西贝莜面村"微信公众号头像　　　　　"必胜客"微信公众号头像

"麦当劳"微信公众号头像　　　　　"味多美"微信公众号头像

图 8-1　各品牌微信公众号头像

3. 公众号的命名

"人如其名"这是形容人的姓名跟人的整体形象，那么企业能否从名字当中透露出餐饮企业自身的调性也很关键。这个名称决定了顾客对关注这个餐饮企业之后获取信息的所有想象。所以名称要精简，精简便于记忆，建议采取"品牌名+产品品类"的办法。

比如，"一品红川菜"，很清晰地告诉粉丝，我是"一品红"，我做的是川菜。

4. 公众号功能介绍

粉丝扫描二维码或者搜索公众号进来，看到的第一个页面很关键，功能介绍上面要清晰地表述公众号的目的和定位。

比如，"食尚湘菜，打造更湘更辣更地道湖南菜"，就很清晰地向粉丝传递出餐厅的特色与定位，喜欢湘菜的、爱吃辣的顾客就会多加关注了。

二、微信公众号的运营

餐饮微信公众号不仅能够增强餐厅与顾客间的互动与沟通，而且可以使餐厅信息在顾客社交圈中得以分享。可以这样说，公众号营销做得好不好，直接关系到餐厅的声誉与利润。基于此，餐饮企业可以按照图 8-2 所示的要求，来做好微信公众号的运营。

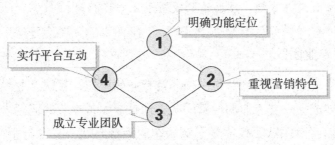

图 8-2　微信公众号的运营要求

1.明确功能定位

餐饮企业需要制定出行之有效的营销战略，根据微信公众平台的实际特点，确定其在营销体系中的应用范畴。在使用公众账号之前，一定要对其有一个全面的认知，并将餐厅特色充分融入其中，明确其运营的实际功能，定位好公众号在餐饮企业营销体系中所扮演的角色。从根本上讲，微信公众账号的运营目标就是发展客户，因此，餐饮企业必须将服务放在经营的首位。

许多餐饮企业微信营销走错了方向，主要停留在餐厅品牌、餐饮菜品的宣传上。其实，餐饮企业公众号营销应该做到多元化，具体如图8-3所示。

 应该是个信息查询平台，消费者可以查询餐厅特色、价位、消费点评等信息

 应该是个互动推广平台，一方面向顾客发布新品、优惠等他们感兴趣的消息，另一方面通过线上活动与消费者互动，增强顾客黏性，引导再次消费，让更多的粉丝成为餐厅的消费者

图8-3 公众号平台的功能定位

2.重视营销特色

营销特色是餐饮企业吸引顾客的关键，在运用公众账号进行消息推送时，需要在满足用户需求的基础上，打造自身独特的风格，无论是界面设计，还是信息内容，都需要将餐厅特色凸显出来。

 小提示 ▶▶▶

餐饮企业可以抛弃传统的图文推送方式，运用视频动画等新颖方式来使信息更加具有趣味性，从而达到吸引用户的目的。

3.成立专业团队

实际上，公众账号的经营是一项非常专业的工作，餐饮企业想要做好这项工作，就需要成立一支专业的经营团队，而且要配备专业的运营人员为企业经营公众账号。经营团队不仅需要了解顾客的消费心理，及时与顾客进行沟通，

还需要对企业的特色与经营文化非常熟悉，从而确保公众账号的风格同企业风格相同，从而为企业吸引更多顾客。

4. 实行平台互动

互动性是微信的一个主要特点，公众平台实际上也具有很大的互动性，因此，餐饮企业可以将这一特点充分利用起来，通过微信来联系顾客，从而实现与顾客之间的实时互动。人工后台服务是实现这一功能的关键，能够让餐饮企业的微信公众账号更加人性化，帮助顾客解决实际问题，并将顾客提出的建议传达给企业，让企业的服务更加完善。另外，企业还可以定期回访一些重要顾客，了解顾客所需，及时反馈顾客信息。

三、微信公众号线上推广

餐饮企业可以采取图8-4所示的措施来做好微信公众号的线上推广。

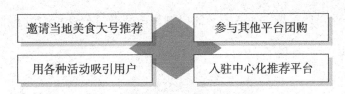

图8-4　微信公众号线上推广措施

1. 邀请当地美食大号推荐

餐厅经营初期，微信公众平台也才搭建起来，在完全没有顾客基础的情况下，可以先邀请其他有大量粉丝基础的美食推荐大号进行推荐，宣传餐厅美食，及优惠活动信息等，用于初期吸引人气。

2. 用各种活动吸引用户

餐饮企业可结合第三方平台，比如发红包、各种抽奖游戏，不但可以激活老用户，还可以让他们分享到朋友圈带来部分新用户。

3. 参与其他平台团购

餐饮企业在其他平台做团购的目的，是为了用低价从其中心化平台吸引目标客户，并且留住他们，而不是为了卖东西，要做的是品牌，更多是为未来的回头客做准备,特别适合新店。

4.入驻中心化推荐平台

比如大众点评等这种中心化推荐餐馆的平台,都可以作为吸引新用户的途径,让用户关注公众号之后,就完成了"去中心化"和"扁平化",彻底去掉中介,让用户和店铺直接沟通,减少中间成本。

 小提示 ▶▶▶

在完成最初的粉丝积累后,餐饮企业通过对微信公众号的日常维护,可以将优惠信息推送给顾客,刺激顾客二次消费;也可以通过公众号和粉丝互动,提升顾客活跃度;或者是推送美文通过软性的营销手段塑造企业品牌形象,提升品牌在顾客心中的地位。

四、微信公众号线下推广

餐饮企业可以采取图8-5所示的措施来做好微信公众号的线下推广。

图8-5 微信公众号线下推广措施

1.店内推广

店面是充分发挥微信营销优势的重要场地。可在菜单的设计中添加二维码(见图8-6),并采用会员制或者优惠的方式,鼓励到店消费的顾客使用手机扫描。一来可以为公众账号增加精准的粉丝;二来也积累了一大批实际消费群体,这对后期微信营销的顺利开展至关重要。

店面能够使用的宣传推广材料都可以附上二维码,包括墙壁、餐桌、收银台、吧台、易拉宝等,但不是就仅仅放一个二维码那么简单,而是要告诉用户,扫二维码后他们可以获得什么,需要给用户一个关注的理由,甚至是所有工作人员都要口头提醒用户,比如可以如下提醒。

图 8-6 "点都德"餐厅菜单上的二维码

（1）别处所不能买到的团购套餐。

（2）特别的优惠。

（3）送饮料、菜或锅底。

（4）或是某个受欢迎的菜品只有关注公众号的用户才能点，甚至是只能通过微信平台点。

（5）通过微信点餐和支付可以享受打折、满减、送券等优惠。

 小提示 ▶▶▶

　　店内的推广，除了利用服务差异化，吸引用户关注外，还为了培养用户使用微信公众号完成点餐和消费的习惯。

2. 和智能硬件结合

　　餐饮企业可以将公众号与路由器关联，用户只有关注了公众号才能享受Wi-Fi服务；也可与照片打印机关联，用户只有关注了公众号才能打印照片，如果怕成本过高可以设置免费打印1～3张。

3. 店外推广

　　地推的方式是最传统的，不过现在发传单基本没人看了，所以要用相关的微信活动来吸引用户关注公众号，并且参与里面的活动，而不是简单地介绍几个菜谱和优惠活动，你的目的是为了吸引用户，并且通过微信深入地了解店铺。

餐饮企业可以搭建自己的活动场地。无论在店外还是人流集中的广场，可以通过线上线下结合的活动、游戏、打印照片等，还有吸引眼球的海报来吸引用户关注。

五、微信公众号内容推送

餐饮企业在自己的公众号上推送餐厅动态、美食、服务信息或打折优惠信息，就像餐厅的海报，通过微信与用户沟通交流最新讯息，方便快捷、成本低。

1. 推送时间

根据有关统计显示，一天之中有这么几个推送阅读高峰期：上午9:00～10:00，下午13:00和17:00，晚上21:00和23:00。这其中，又以晚上21:00和23:00的访问量最大。所以真正的黄金时间，是每天晚上大概8:20发。这时读者有足够的时间来阅读白天推送的内容，适合做产品的促销。

2. 推送频率

餐饮企业可以选择一天一条单图文信息，或隔天一条多图文信息。推送的太频繁，会引起顾客的反感。

3. 推送内容

（1）发布文章不一定要长篇大论，一定要引发读者的思考，一般内容在300～500字左右。

（2）文章的标题要有特点。尽可能吸引到读者来阅读。毕竟现在订阅的公众账号多了，竞争很激烈，再好的文章，读者不点进来看也是白搭。

（3）不要每天推送大量的内容给潜在顾客。创造可以跟读者沟通的话题，要知道所有价值都来源于沟通，推送再好的内容，不如跟读者沟通一次。

（4）字体大小，要尽可能大一点，因为手机屏读文章已经够吃力了，字体小了眼睛会累。

（5）段落排版上，每一段尽可能短一点。尽量避免出现大段的文字，如果有，拆分它。还是因为手机屏幕小的原因，拆成小段落后，读起来会更舒服。如果手机整屏都是一段文字，估计眼睛也会花很久。

（6）在每篇文章的最后，要附带上版权信息。因为微信的内容可能会被分享到各种地方，带上自己的版权信息就为读者增加了一个入口。（图片上也要带上自己的版权信息）

（7）尽量写图文消息，而不要只推送文字消息。附带上一张图，体验会好很多。但要注意图片的流量，所以如果不是特别需要，尽量不要在文章里插入过多的图片，尤其是大图一定要经过压缩。

 小提示 ▶▶▶

向微信粉丝频繁的推送消息可以提高餐饮店的曝光率，也可能会招致粉丝的反感，让粉丝取消关注。所以在推送内容的选择上需要经过仔细选择，及时分析微信数据，根据数据调整微信推送的内容。

六、微信公众号营销技巧

餐饮企业在通过微信公众号营销时，也需要讲究一定的技巧，可参考以下5点。

1. 展示餐厅信息来吸引顾客消费

在公众号上餐饮企业应该展示一些什么呢？

比如，可以展示餐厅的美食、环境、服务等信息；可以展示菜品有多新鲜，所采购的肉、鱼、蛋都是哪里来的；展示餐厅做了什么优惠活动及结果、照片等。

让顾客能看得到品质、实惠，产生消费冲动，这就是展示的目的。

2. 借助热点吸引人气

餐饮企业做公众号营销一定要学会借势，借助网络、社会大众关注的热点，推送的内容才会更有关注度。

 小提示 ▶▶▶

追热点一定要结合餐厅实际情况，必须要和店面结合起来，才是最主要的目的。

3. 发放优惠活动信息来引导顾客分享

在公众号上不定时发放优惠活动信息，是提高用户活跃度的最佳手段，如图8-7所示。

比如，向粉丝发送店内每日特价菜品信息，或者新品上市时，可以向粉丝限量发放优惠券等。

图 8-7　微信公众号图文推广截图

发放优惠给予顾客一个上门消费的理由只是第一个目的，后续如何让餐厅通过这些顾客，得到更多的曝光量是第二个目的。

比如，可以鼓励这些顾客，在微信朋友圈分享"好好吃啊"、各种菜品美图，这样就会提高餐厅的曝光率，无形地将餐饮品牌和美誉在社交圈推送出去了。而对于这种分享的顾客，餐馆可以赠送菜品、积累积分等，这就形成了良性的循环。

4. 利用好玩的游戏与活动来吸引用户参与

微信公众号其实是为商家提供了一个与用户沟通的新渠道，通过不同的沟通形式和内容可以达到不同的效果。

比如，通过互动游戏，可以提高用户黏性，如果功能设计得合理，还可以引发用户带动周围的朋友一起参与，达到口碑营销的效果。

　　微信公众号营销比较常用的方法就是以活动的方式吸引目标消费者参与，从而达到预期的推广目的。要根据自身情况策划一场成功的活动，前提在于商家愿不愿意为此投入一定的经费。当然，餐饮企业借助线下店面的平台优势开展活动，所需的广告耗材成本和人力成本相对来说并不是不可接受的，相反，有了缜密的计划和预算之后完全能够实现以小成本打造一场效果显著的活动。如果你的公众号的功能享有提前预订、会员折扣、生日特权、积分、买单、投诉建议的权利，那粉丝的黏性会不会更高。中国的节日特别多，意味着餐饮商家的趣味性活动和有利益的推送内容也是可以留住一部分活跃粉丝的。

　　以签到打折活动为例，商家只需制作附有二维码和微信号的宣传海报和展架，配置专门的营销人员现场指导到店消费者使用手机扫描二维码，关注商家公众账号即可收到一条确认信息（注意，在此之前商家需要提前设置被添加自动回复），消费者凭借信息在买单的时候即可享受优惠。

 小提示 ▶▶▶

　　　为防止出现顾客消费之后就取消关注的情况，商家还可以在第一条确认信息中说明后续的优惠活动，使得顾客能够持续关注并且经常光顾。

5.服务人格化、效率化

　　很少有人乐意对一个冷冰冰的餐饮企业机构敞开心扉，人格化就是将企业品牌人性化、故事化、场景化，去商业化，赋予企业人格魅力，像一个人，让企业像个人去跟用户沟通。不必追求华丽的辞藻、炫酷的技巧，用最简单平实、接地气的语言往往最能打动用户。

　　对于用户的问题和投诉，公众号作为一个即时沟通平台一定要迅速响应给予答复，再巧妙让用户宣传自己的品牌，一次好的服务也是一次好的潜在营销的机会。

 相关链接 ▶▶▶

餐饮公众号"套路"粉丝的技巧

1.新品推荐

主要目的：宣传新品，激发消费者购买欲。

对于需要经常推出新品的餐饮行业来说，微信公众号无疑是非常高效率、高性价比的宣传方式。新品推送的名目可以根据自己的产品不断变化，比如明星单品回归升级、季节限定、节日礼盒等。

比如，在入夏之际，商家纷纷推出适合夏天的饮品。

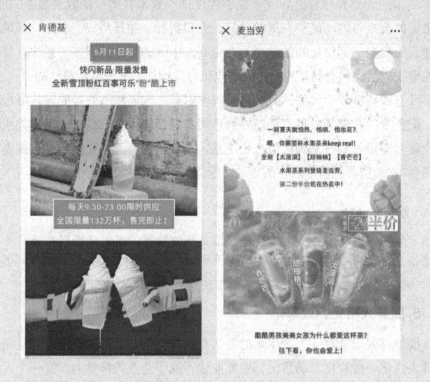

而无论面对新顾客还是常客，当公众号发布新品上市的消息时，都能够有效地起到激发粉丝购买欲的作用。

2. 紧追热点

主要目的：推出节日限定款或周边；借机打折促销。

对于餐饮企业来说，全民热点也是上新、促销的良机。从传统的节日、节气，到国外的感恩节、圣诞节，再到520、618这样的新"节日"，都可以成为公众号发布活动的主题。

比如，端午节之际，每年推出特色粽子的星巴克、85度C、味多美，端午期间都在公众号提供了在线购买服务；"汉堡王中国"则通过端午节套餐优享的方式，发布了新的优惠活动。

3.花式优惠，实力"宠粉"

主要目的：留住粉丝；提高活跃度；鼓励消费。

除了上述功能外，公众号最"吸粉"的一点就是各种优惠活动了，并且由于微信功能的多样性，优惠方式也花样繁多。

比如，麦当劳公众号在一些文章的结尾，会发放能够直接领取到微信卡包的优惠券，或者"微信扫码点餐满减"等微信专享优惠。而在使用微信付款后，顾客也将获得相应的积分，当积分达到一定数量，就可以在积分商城兑换到新的优惠券和免费商品。

除了直接领取的方式以外，一些公众号还会设置与粉丝的互动环节，如在推送的文章中留言、集赞、每天签到打卡等，并用奖品和优惠券作为激励，有效地维持了粉丝的活跃度和顾客黏性，还能借机宣传自家的单品。

4.其他功能

主要目的：增加线上营收；提高点单效率。

除了推广产品、发布优惠信息以外，餐饮企业还可以基于微信的社交功能，推出赠送礼品卡、开通线上商城、自助点单、外卖等服务。

礼品卡主要分为两种形式，一种是直接赠送选定的商品，另一种则是相应金额的代金券。

而线上商城的购买形式也比较多样，分为直接线上支付消费、积分+线上支付，以及在积分商城兑换优惠券三种。

礼品卡和微信商城的存在，丰富了餐饮企业的线上消费，而用积分抵现金或者兑换优惠券的形式，有助于提高顾客的复购率。

而像肯德基、麦当劳和汉堡王这样经常会出现排队点单的快餐店，则提供了"自助点单"的服务，在减少顾客等候时间的同时，还能减轻员工的负担，提高门店整体效率。

5.品牌形象塑造

主要目的：产生共鸣；吸引、巩固粉丝。

（1）代言人。面对作为消费主流群体的年轻人，快餐行业在代言人的选择上，一直偏爱"当红流量小生"，既能吸引和讨好年轻粉丝，又能给人留下青春活力的品牌印象。

肯德基就是一个非常典型的例子，从其推送的头条封面到文中的内容，都使用了大量的代言人海报和视频广告。

而代言人的粉丝们也十分"买账"，文章底部经常会出现支持偶像的留言。

比如新晋网红"瑞幸咖啡"在品牌代言人的选择上也下了一番功夫，张震和汤唯既是很多年轻人心中的男神女神，其形象也很符合商业咖啡优质高端的气质。而从上市初期到现在，瑞幸咖啡的公众号也一直频繁地使用两人的硬照作为封面和配图。如今，瑞幸咖啡代言人和品牌形象已经完全融合在了一起。

（2）联名跨界。面对各行各业都在流行的跨界，餐饮品牌也不甘落后。

在选择合作方上，企业会结合自身品牌的调性及近期热点，来寻找合适的联名伙伴。

如走"高格调"路线的瑞幸咖啡，近期就与"腾讯新闻"联手，将大家名言印到了小蓝杯上；必胜客则携手虚拟偶像洛天依，为高考考生送上祝福，并推出了8折优惠；而在世界杯期间，卖炸鸡的肯德基与百威啤酒也联手跨界，非常"应景"。

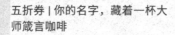

第九章
短视频营销

近年抖音、快手为代表的短视频 APP 凭借独特的趣味性、传播性成为当下炙手可热的营销方式，这对餐饮店宣传至关重要，线上视频营销可以帮你把整个城市上千万人引流到线下，由短视频带动的收益是相当高的。

一、什么是短视频营销

所谓的短视频营销，就是将品牌或者产品融入视频中，通过剧情和段子的形式将其演绎出来，类似于广告，但又不是广告，关键在于用户看的过程中，能不知不觉将产品推荐给用户，使用户产生共鸣并主动下单和传播分享，从而达到裂变引流的目的。

二、餐饮短视频营销的好处

首先，以抖音、快手为代表的短视频频 APP，几乎所有人都在玩，如果餐饮企业不玩，就会显得很不合群，没有跟顾客形成共同的兴趣爱好。而想要抓住年轻消费群体的心，就必须迎合年轻人的喜好，用他们喜欢的方式做营销。试想一下，如果餐饮企业也能玩起短视频，那就跟顾客有了共同话题，在互动交流的时候就更加得心应手。

其次，短视频 APP，自带传播属性，这些软件的社交属性，使得广大年轻群体能够并且乐意自发传播，这对餐厅宣传来说，不仅成本低，而且速度快，能在很短时间内达到意想不到的效果。而且短视频不仅能用来宣传美食，还能顺带宣传品牌，因为只需要餐厅某个新奇的点，就能吸引到消费者的兴趣，并广泛传播蔓延开来，吸引其他的消费者前来体验。

小提示 ▶▶▶

　　短视频之所以有这样的热度，不仅仅是因为它的内容好玩有趣，还在于它是属于大众的 APP。

相关链接 ▶▶▶

常见的短视频平台营销

　　从传统的"双微"到如今的"双微一抖"，不难看出短视频不仅成为大众娱乐的重要方式，也成为了品牌营销的重要阵地。但短视频并不只有抖音，快手、B站（bilibili）、西瓜视频、皮皮虾等平台都拥有着巨大的短视频流量值得挖掘。

　　不同的短视频平台差异巨大，各大短视频平台近两年都在做快速增长扩张，平台定位也不断在转变。

　　1.抖音平台营销

　　抖音目前的商业化做得非常完善，品牌也有多种营销工具进行平台的短视频营销。在实践落地过程中，抖音可以通过硬广、企业号、达人、热点IP、全民共创五大方式进行营销。

　　最简单的抖音营销方法自然是硬广投放，由于算法推荐的作用，这类投放会相对精准，但如果需要筹备传播战役的话，则需要通过多种平台活动、用户共创共同推广。

　　2.快手平台营销

　　2020年快手赞助春晚，日活顺利达到3亿。现在快手在平台时间、垂直领域、IP节目上进行了大量投入，这类平台综艺、平台IP内容的打造，给品牌方更多的营销合作机遇。虽然快手以往被认为很"土"，但如今不少国际大牌都在快手上进行营销。

　　比如，麦当劳在快手上通过"给我一杯YE"挑战赛进行营销，亮点在于每天的挑战榜单都会进行更新，并通过社交式玩法，让参与挑战赛的人@一位好友进行传递。小椰杯最终获得了近300万用户参与、近50万UGC作品、3600万视频播放量、1亿+曝光量。

3.抖音火山版营销

抖音火山版最初为"火山小视频"，为字节跳动对标快手的短视频产品，人群偏下沉，内容更接地气，也更适合大众化品牌。

相比于抖音，抖音火山版的营销工具不算特别丰富，总体分为曝光、精细化流量、定制内容三种方式。

典型的营销方法是集中投放达人创作视频引导普通用户跟进，再将流量引导至话题活动页，进一步促进用户留资转化。当然，品牌方需要在站内站外同步推广，打出组合拳方能获得最大的传播效果。

4.西瓜视频营销

西瓜视频的品牌营销与传统长视频网站有些类似，更多通过贴片、赞助、植入等广告工具实现，西瓜视频在自制综艺、自制剧集中有不少投入。根据头条指数数据来看，影视、综艺、喜剧类内容是平台最受欢迎的内容品类，但平台面向的人群也总体偏向于下沉市场。

5.B站视频营销

2020年年初，B站通过一场二次元春晚晚会实现了传播破圈，B站的用户以95后为主，更加年轻及多元化，再加上钉钉等品牌在B站的一系列营销动作，让B站成为2020年上半年备受关注的营销传播平台。

B站的内容受平台推荐影响较大，但B站也有大量用户主动搜索流量，给予品牌营销更多的空间。总体来说，B站有三种大类合作方式：曝光、大项目、核心创作者。

6.皮皮虾短视频营销

皮皮虾脱胎于"内涵段子"，整体社区风格更加有幽默感，社区中互动性非常强，有神评、抢楼等跟帖文化，在年轻群体和下沉市场颇受欢迎。

皮皮虾平台的营销方式基本分为两大种：流量产品合作及内容合作。流量产品就是开屏、信息流等投放，而内容合作更多是IP联合以及一些定制化的创新营销。

7.梨视频平台营销

梨视频定位于新闻资讯短视频平台，不仅拥有专业的媒体团队，也收纳了全球范围内的拍客网络，从内容上来看，更加贴近社会突发性热点事件，适合主打生活方式的品牌进行营销合作。

在营销方案上，梨视频与常规短视频平台的最大不同及亮点在于，它可以通过拍客的方式进行纪实采访合作，共同打造话题热度，有了更多的可玩性及趣味性。

三、餐饮短视频营销的方法

目前的消费主流是80后、90后和00后，他们不仅是个性化的，而且是交互式的和共享的，短视频可以满足这一特点。短视频营销不仅打破了餐厅传统的促销模式，而且打破了餐饮经营者固有的思维模式。那么，餐饮企业如何使短视频引人注目呢？可采取图9-1所示的方法。

图 9-1 餐饮短视频营销的方法

1.制造传播热点

短视频平台的用户互动性极高，因此特别适合营销活动的传播和扩散。一旦制造一个传播热点出米，就会引起疯狂的转发和传播。

比如，爆红的海底捞"神秘吃法"，视频内容就是一位网友在抖音上传了一个自己是如何吃"海底捞番茄牛肉饭"的视频。视频一经发布之后，立刻就成了网红吃法，吸引很多的人去海底捞的线下门店消费，甚至有人到店直接跟服务员说要吃网红饭。

从那之后，越来越多的海底捞吃法被创意十足的网友开发了出来，各种充满参与感和创意的餐饮消费模式也容易被模仿，所以一下子抖音就为海底捞带来了海量的线下转化的流量。

又如，一个"摔碗酒"视频直接带火了西安永兴坊特色美食商业街。这就是典型的一个传播热点带火一个品牌的成功案例。

2. 借助顾客拍的短视频来吸引顾客

仔细研究那些爆火的餐饮品牌，我们不难发现，大多数被短视频"捧红"的产品，都是由顾客自发录制转载的，而并非餐饮企业主动策划。这也符合绝大部分视频内容走向，都好像是临时起意、突发奇想、没有计划……而正是这样的短视频，才让人感觉更加真实、更加可信，顾客才会心甘情愿地接受广告的"安利"，不觉反感，反而乐在其中。

因此，餐饮企业想要借助短视频吸引客流，不妨从顾客着手，鼓励他们在餐厅拍视频。

比如，顾客在餐厅就餐时拍抖音，获得相应数量的"小心心"，就可以享受打折或赠送礼品、菜肴等优惠。

 小提示 ▶▶▶

餐饮企业要设置一些适合录视频的有趣的点，比如西安的喝酒摔碗、西塘的拉客小哥哥等，让顾客有的拍、有的玩。

3. 以食品安全为切入点

当代人对食品安全的关注是非常重视的。

比如，南京有一家名为友达的面馆，就是以此作为切入点，在抖音上发布了一个将食品的制作工艺透明化的视频。从鱼肉的精挑细选，到蔬菜的清洗，再到餐具的消毒，甚至于后厨的整理，全部以短视频的形式展现给消费者，打消了消费者食品安全方面的顾虑，在塑造品牌形象的同时，提高了线下顾客的到店率。

4. 餐厅特色用短视频晒出来

如果你是一家特色餐厅，你可以试试短视频营销。一个能拍短视频的餐厅，对顾客很有吸引力。

独特的环境、新鲜的菜肴、贴心的服务，甚至个性化的菜单都可以作为餐厅的独特卖点。我们可以从顾客的角度把这些特点制作成有趣的视频，并把它们拍出来，以此吸引眼球。

5. 创造特色

有的餐饮企业可能会觉得自己的餐厅没有特色，不适合短视频营销。如果这样想，就大错特错了。没有特色，我们可以创造特色。

短视频用户大体可分为三类，分别是内容生产者、内容模仿者和吃瓜群众。"短视频爆品"产生流程，往往是网红达人原创精彩作品之后，随之出现一大批的模仿者，从而使得原创内容产生裂变式传播，全方位触达更多的吃瓜群众，吃瓜群众再通过亲身体验，成为新一轮的模仿者，这个过程不断重复，最终导致爆款产品大红大紫。

因此，餐饮企业可以充分发挥人民群众的力量，创造各种神奇吃法玩法。

比如，海底捞的番茄牛肉饭和鸡蛋虾滑塞面筋，CoCo都可的"焦糖奶茶＋青稞＋布丁＋少冰＋无糖"的网红奶茶，江小白的抖音喝法，星巴克的隐藏菜单等，广大"吃货"的力量是无穷无尽的，餐饮企业只要给他们空间和鼓励就好了。

这种突破菜单、边玩边吃的形式，让顾客自己动手创造，不仅趣味十足，互动感更强，而且操作简单，易于模仿，网友们能够立刻进店尝试，随之带来海量的线下转化，尤其是对于连锁餐饮企业，门店遍布大街小巷，更是为网友模仿体验创造了"天时地利"，短视频带来的品牌宣传效果难以估量。

6. 打造网红店员

比如，西贝鼓励员工以个人名义在抖音上进行品牌传播，账号为"光哥"的西贝员工赵晨光在抖音发布自己在店里熟练搓面的视频，视频里面的她穿着西贝工作服，笑容甜美、手法熟练，该视频获得了61万的点赞量，积累了22多万粉丝，让超过61万用户对西贝产生了深刻印象，无形中提升了品牌形象。

自从这个短视频火了之后，有不少中小型餐饮商家开始打造网红店员，通过展示店员的专业技能、颜值和才艺，吸引关注，为餐厅带来可观的客流量。

总之，在短视频盛行的时代，餐饮企业可以根据自家餐厅情况，抓住短视频营销这个红利期，找准视频中想要突出的"点"，是提供有趣、好玩的内容，还是介绍独具一格的特色；是展示餐厅的场景、社交特色，还是诱人的产品卖相；是展示店员的才艺，还是店员独特的操作技法……只要找准打动用户的点和配上互动性较强的文案，就会有效果。

7. 找 KOL 合作

什么是KOL？通俗来说，就是网红。网红自带流量，寻找到与自身品牌契合度高的网红来做抖音宣传，效果事半功倍。

通过KOL来植入广告有图9-2所示的3个好处。

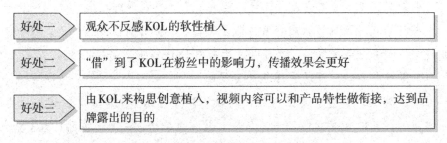

好处一	观众不反感KOL的软性植入
好处二	"借"到了KOL在粉丝中的影响力，传播效果会更好
好处三	由KOL来构思创意植入，视频内容可以和产品特性做衔接，达到品牌露出的目的

图 9-2 通过 KOL 来植入广告的好处

小提示 ▶▶▶

对于小餐厅来说，与其请费用较高的网红，不如花点心思自己做视频。如果视频足够吸引人，不需要请网红也能获得不错的流量。

8. 把握好发送时间

在短视频发布频次和时间上，餐饮企业每周至少发布一次，能发布两次更好，而中午12点左右或晚饭以后是相对合适的发送时机。

相关链接 ▶▶▶

餐饮企业抖音营销技巧

1.存活超过5年、有5家以上门店的连锁品牌，适合开抖音官方账号

这是因为，如果一家餐饮品牌没有生存超过5年，也没有5家以上的连锁店，同时团队也不稳定，开抖音官方账号（即蓝V认证，目前行情是需充值8000元推广费用）将会耗费人力、资源，还拖累门店运营和管理。

2.5家门店以下的品牌，建议开一个以品牌命名的抖音个人账号

平时发一些视频，比如在夜宵时间发个烧烤的视频"引诱"下周围的消费者，操作既简单，成本也低。

3.保持稳定的输出，不要错过社会热点

比如，每周至少上传两条抖音视频，不要错过重要社会热点，通过集赞等方式线上线下结合；同时，如果条件允许的话，商家还可以试一下抖音电商。

4.拥有官方账号的企业，同样不能放过个人抖音号的运用

抖音个人号不仅可以配合官方账号运营，比如在视频发布的2个小时内，去转发、评论、点赞视频，还可以灵活采用dou+等推广手段。

5.做推广活动，可以从18线小V找起

有一定推广资金预算的商家，建议不要直接邀请大V帮助。这是因为：一方面，抖音KOL的要价不低，但粉丝量有可能造假；另一方面，大V粉丝覆盖到餐厅相应客群的可能性也比较小。相反，粉丝量在1000～2000左右的"当地小V"具有更高的性价比。

四、短视频拍摄技巧

1. 拍摄有亮点的内容

判断一条短视频内容好不好，主要看图9-3所示的5个小指标。

图9-3　判断一条短视频内容好坏的指标

许多餐饮企业只关注短视频的浏览量、评论量、点赞量和转发量。实际上，许多人不知道的是，完播量同样是重要指标，它是视频完整播放数量的统计，体现了视频是否有足够亮点的内容，并非仅仅是个标题党。

2. 拍摄有爆点的内容

什么内容有爆点？有亮点的内容被分为5大类，如图9-4所示。

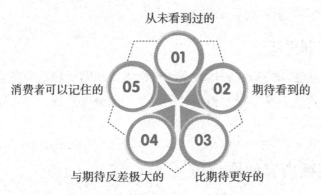

图 9-4 有爆点的短视频内容

3. 拍摄有记忆点的内容

视频主角不一定要美女帅哥，热情、开朗、有记忆点更重要。拍摄一条有亮点的内容离不开主角，而漂亮精致的外表、热情开朗的性格、萌宠或萌物都具备了足够吸引用户的特征。

比如"黑河腰子姐"操着一口正宗东北话、带着朴实爽朗的笑容，用一句"来了老弟"为她的门店带来了 143.8 万粉丝，近 1000 万的点赞数。

有人可能会觉得帅哥美女能吸引注意力，实际上，一个"不可貌相的内在"同样具有魅力。

比如，有家大排档的老板 RUBY 叔因为幽默风趣的性格、熟练开启瓶盖的动作，成了抖音上的网红，门店里的活招牌。

4. 画面忌讳"从头到尾都是人"

如果过度依赖人物拍摄，"整个画面从头到尾几乎全是人"，效果会适得其反，最终只能是餐厅自娱自乐。

5. 内容要和产品结合

拍摄的短视频内容要和产品做结合，"奇特的产品"是个很好的传播点。在任何平台上做营销，都不能脱离产品，奇特的产品就是不错的传播点。

比如，在杭州，有一家店叫作"老纪蚝宅"，主打高压锅蒸生蚝，正如名字一样，这家店里的服务员直接端着高压锅上桌，在顾客面前，将冒着腾腾蒸汽的锅盖打开露出生蚝，顾客需要用专用的小刀将生蚝撬开，蘸料吃。

抖音的火爆直接带来了生意的火爆：这家店每晚都在排队，而且在短短2个月内，"老纪蚝宅"就冲进了杭州夜宵四强。

6. 运用好拍摄手法

好的拍摄手法在用户感官和体验上，也会为短视频增加不少亮点。如果条件允许的话，餐饮企业在拍摄短视频时不妨多用运镜、转场、特效等手法来美化视频。

五、短视频内容创作技巧

餐饮企业在短视频内容创作上，可参考图9-5所示的技巧。

了解用户喜欢什么

前5秒非常重要

内容创作3S原则

图9-5　短视频内容创作技巧

1. 了解用户喜欢什么

短视频平台的用户喜欢什么类型的视频？四个字：趣、酷、爱和美，即有趣的、酷炫的、有情感共鸣的、颜值高的。如果餐饮企业想要运营自己的短视频账号，就要找出你擅长的、喜欢的风格，然后朝着这个风格去经营。

2. 前5秒非常重要

前5秒是短视频的黄金时间，餐饮企业需要在前5秒抓住大家的眼球，否则他们就会流失。所以前5秒必须出现爆点，比如颜值、身材、猎奇、卖萌等，如果前5秒没有爆点，还可以巧妙使用文字引导。

3. 内容创作 3S 原则

内容制作应该和平台的产品特点相适配。要想用15～60秒的短视频，传达完整的品牌故事，太考验制作水平。但在15秒中，内容制作的原则可以概括为3个S，如图9-6所示。

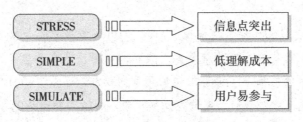

图9-6 内容创作 3S 原则

 相关链接 ▶▶▶

热搜视频的基础数据分析

一个视频怎样才能上热搜，主要看以下数据。

1. 阅赞比

$$阅赞比 = 点赞数 ÷ 播放量$$

阅赞比基本比例大于5.5%就会上热搜，但要注意的是，如果不是自然来的流量对于数据评测是没有效果的，比如定向邀请、朋友来点赞或者购买水军等，这是平台为了避免恶意刷赞的一种风险规避。

那如果视频发出去没播放量怎么办？

（1）仔细对比社区自律公约，查看是否有违规行为。

（2）查看视频时长是否过长，导致审核时间过长。

（3）看字幕中是否有敏感词汇，个别可以用拼音代替。

（4）如果长时间播放量为0，说明视频没通过审核，只有自己能看到。

2. 评论比

$$评论比 = 评论数 ÷ 播放量$$

评论比基本比例大于1%，也容易上热搜。

3.转发率

$$转发率＝转发数 \div 播放量$$

转发率基本比例大于1%，也容易上热搜。但有的人说，我的视频点赞率、评论比、转发率都不高，那我这个视频还能上热搜吗？其实也还是可以的，只要你能完成完播率（完整播放视频）的话，也是很容易上热搜的。

4.复播率

观看者看到60%是不及格视频，只有100%看完才是及格。而当观看者反复观看时，那你这个视频就是绝对成功的，而反复观看也可以增加视频的复播率，视频的复播率不但可以增加账号的权重，还能直接拉升视频的播放量。换句话说，你的视频如果被人反复观看，哪怕阅赞比是2%，也是能上热搜的。

自媒体运营人都知道，任何一个平台都有权重问题，权重越高账号的排名就越高，所以运营平台权重也是我们必须要注意的问题，那么短视频平台，我们应该如何提高账号权重呢？

（1）完善账户资料，当然是越详细越好，而且资料里不要打广告，资料的完整度也让你的企业更透明化，更真实化，消费者在平台上就能直接看到你企业的信息，对你的信任度就会更高。

（2）作品必须原创，不能抄袭。自媒体运营人都应该知道，原创度越高，越能提高账号的权重，这里必须要提一点的是：如果你是书上或者是看其他视频的内容，但你用自己的形式展示拍摄出来，剧情是翻拍，这种是没问题的，但不能抄袭文案。

（3）视频时长最好在7～12秒，最少不能低于7秒，因为低于7秒的视频很难被推荐，如果你视频有一定的曝光量后，可以考虑做直播，直播是增加权重和流量很好的一个辅助。

（4）持续更新，保持活跃度。

第十章
会员大数据营销

餐饮企业利用会员大数据能帮助餐饮企业锁定目标消费者,了解目标消费者感兴趣的内容,然后可以据此投其所好,目标消费者就会接踵而来。

一、会员的分类

会员群体一般是餐饮店的老顾客人群,他们不仅是餐饮店的顾客,还是餐饮店品牌传播自媒体的最大来源。根据不同的菜系和人均消费情况,生命周期会有所不同,根据生命周期,会员大致可以分为图10-1所示的5类。

新会员　忠实会员　常来会员　淡忘会员　流失会员

图10-1　会员的分类

1. 新会员

这类型的会员是刚入会的会员,对于价格、优惠、折扣等信息比较在意,一般是来自餐饮店活动的引导关注,忠诚度较低。

2. 忠实会员

在新会员入会后的10～20天内,再次到店消费的会员称之为忠实会员。这类会员占比5%～10%,比例虽然最低,但却是价值最大的会员群体。根据调查,餐饮行业内80%的收入来自20%的忠诚顾客。对于餐饮企业来说,获得一个新会员的成本比保留现有会员的成本会高出五倍。并且，由于这类会员忠诚度比较高，很有可能成为餐饮店的"免费自媒体"，不断为餐饮店带来更多会员。

3. 常来会员

在新会员入会后的20 ~ 40天内，再次到店的会员称之为常来会员。这是会员中价值贡献较高的群体，餐饮店的用心维护很可能让他们成为忠实会员，同样的，不关注他们也可能变为淡忘会员，所以餐饮店需要多花心思。

4. 淡忘会员

在新会员入会后的40 ~ 60天内，再次到店的会员称之为淡忘会员。大部分可能是从新会员加入后由于餐饮店没有后续吸引人的优惠和产品就不再光顾。

5. 流失会员

这部分会员是指在新会员入会后的60天内没有到店的会员，一般意义上，被认为是已经流失的会员。

二、会员数据的价值

近年来，已有一些餐饮企业开始尝试通过大数据技术收集会员数据进行深入分析，从而清晰地了解到会员用户的年龄、性别、喜好、消费习惯等信息，进而针对性地进行营销推广，做到了"知己知彼，百战不殆"，大大地提升了餐饮店的营销效率。

现在，"互联网+大数据+会员"已经成了餐饮营销的黄金搭档。

对于餐饮企业来说，会员数据的价值主要体现在图10-2所示的4个方面。

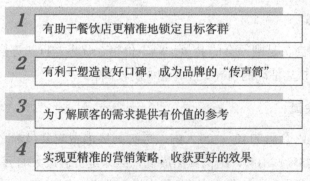

1 有助于餐饮店更精准地锁定目标客群

2 有利于塑造良好口碑，成为品牌的"传声筒"

3 为了解顾客的需求提供有价值的参考

4 实现更精准的营销策略，收获更好的效果

图10-2 会员数据的价值

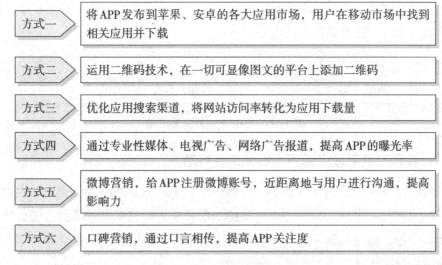

图 11-4 APP 营销推广方式

五、餐饮APP的营销技巧

APP的优点在于切合了目前流行的无线应用、虚拟社区等，而消费者的时间日趋碎片化，它能无时无刻、无孔不入地将"植入"进行到底，无形地伴随手机、无线终端等入侵消费者生活的分分秒秒。因此，餐饮店要做好APP营销，也要讲究一定的技巧，具体如图11-5所示。

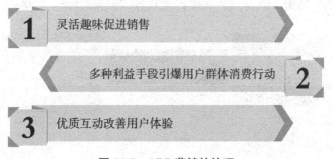

图 11-5 APP 营销的技巧

1. 灵活趣味促进销售

餐饮店所属品牌的APP就像是一个mini版的官网，产品信息、企业信息、动态信息、预约功能、积分查询等内容都可以在APP上得到完美展现，被誉为餐饮店"自营销"的重要阵地。在这个灵活丰富的平台上，可以实现图11-6所示的销售流程，促进餐饮店销售转化。

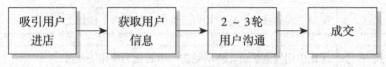

图 11-6　APP 平台的销售流程

2. 多种利益手段引爆用户群体消费行动

餐饮APP应用作为餐饮店品牌嫁接移动营销，覆盖智能手机桌面，实时地为目标消费群体进行一对一的推送品牌、产品及活动信息，对消费者进行利益刺激和引导，通过这款APP，商家将有效地把握目标用户，广告的曝光率、到达率更为精准。

根据餐饮店所属品牌的消费人群设定具体的利益刺激方式，可以是实实在在的物质利益刺激，比如优惠促销、诱人的奖品、丰厚的酬劳回报等，也可以以情感利益的诉求入手，比如乐趣、成就感等，通过餐饮APP传达给受众，从而留住更多目标用户，提高销售转化率。

3. 优质互动改善用户体验

大大改善顾客接受餐饮店服务的体验，在互联网中有一个伟大的概念叫作"互动"，在手机移动网络时代同样适用。良好的互动不仅为品牌的提升带来了巨大的效果，还可以大大改善用户获取终端服务店服务的体验，如图11-7所示。

图 11-7　海底捞 APP 截图

餐饮店的APP客户端本身就是一个良好的互动平台，既可以免费将各种信息推送给客户，又能直接通过手机实现订餐预约服务。

 小提示 ▶▶▶ --

餐饮店的 APP 客户端可以解决传统电话预约的诸多问题，提升服务的及时性，避免客户的流失，还可以减少人工座席成本，让餐饮店的服务重心转移到对现场宾客的关注上，是真正的多赢。

六、餐饮APP的营销关键

发展到如今，餐饮APP已成为不少餐饮企业营销的重要渠道。那么，餐饮企业进行APP营销有哪些关键之处呢？具体如图11-8所示。

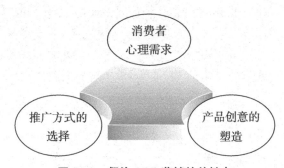

图 11-8　餐饮 APP 营销的关键点

1.消费者心理需求

餐饮企业在做APP营销的时候，应先定位好消费者心里所需，对消费者的心理需求进行充分了解和把握。基于这一关键点，餐饮企业在进行营销时应注意从以下两个方面着手。

（1）分析和挖掘消费者内心需求和渴望点。

（2）基于消费者心理分析上的产品契合度。

也就是说，在营销运营前期，应该对消费者心理和产品的贴合进行整合，做到双赢。

2.产品创意的塑造

餐饮企业想要做出成功的APP营销，那么绝对少不了创意。一个好的创意决定了产品的优化品质，而产品的优化品质又可使得消费者接受餐饮企业商家的APP。

从餐饮行业的营销角度而言，其明显的特征要求是实用性强，能为消费者提供良好的生活服务。因此，在开发APP时，应该从实应性出发，对产品进行聚焦，在APP与产品之间寻求一个有创意的贴合的关键点。

3.推广方式的选择

餐饮企业在做APP营销时，千万不要因为是"免费"的方式，就胡乱推广，那样很有可能既没有盈利，还拉低了餐饮品牌印象。因此，餐饮企业应该找准自己产品的定位，选择适合自己的推广方式，那样将便于口碑和品牌形象的传播。

第十二章
外卖平台营销

随着外卖市场越来越成熟，外卖已经不再是餐饮市场的一个补充，而是一个全新的，急需商家抢占的市场。对于餐饮企业来说，想要提升外卖订单销量，宣传和推广是必不可少的。下面主要介绍商家如何在第三方外卖平台上提高店铺里订单的销量。

一、提升店铺曝光率

一家外卖店的曝光主要来自店铺排名、搜索功能、订单流量、为你优选、优惠专区等流量入口。其中店铺排名是带来最多曝光的，占总曝光的60%左右；其次是搜索功能，占总曝光的20% ~ 30%。想解决曝光问题，商家需从图12-1所示的两个方面入手。

图 12-1　提升店铺曝光率的技巧

1. 提升店铺排名

店铺排名是由一系列复杂因素计算得出的，商家可从以下6个方面入手来提升店铺的排名。

（1）延长营业时间。当其他各因素都相同时，如果一家店的营业时长为12小时，而另一家店的营业时长为8小时，那么前者的排名会比后者高。

（2）起送价不能太高。如果你是自配送商家，你可以自由设定自己的起送价，一般来说起送价越低，排序靠前的可能性就更大。如图12-2所示。

图 12-2　排名与起送价、配送费的关系显示截图

（3）确认你的主营品类有无错误。如果你的主营品类为夜宵，那么你的店铺排名会在夜宵时段高于专做早餐的商家；而在早餐时段，你的店铺排名会低于早餐商家。如果你的主营品类是麻辣烫，当用户搜索"麻辣烫"时，你的店铺排名会比主营品类为冒菜、烤串的店铺高。所以，请确保主营品类的选择无误，如果有错误可以在后台自行修改。

（4）常做店铺活动。经常性地举办店铺活动、参与平台活动会在店铺排名上有一定优势。举办活动的数量、活动的力度也会影响店铺排名。

比如，做满减活动时，A商家满50减10，B商家满50减15，因为后者的活动力度更大，B商家的店铺排名会比A商家靠前。

（5）确保销售额足够高。销售额越高的店铺，排名越靠前。销售额=订单数量×订单均价。其中，销售额是指减去满减等优惠后商家实际得到的金额。

比如：A商家一天有500单，每单的均价为30元，在减去折扣优惠后，销售额=500×30-1500=13500元；B商家一天有600单，每单的均价为20元，在减去折扣优惠后，销售额=600×20-3000=9000元。

这种情况下，A商家的店铺排名会比B商家的排名高。

另外，系统在给店铺排名时，会考虑时间的影响。时间越近的销售额，权重越大，排名也会越高。

比如，A商家昨天的销售额为1万元，前天为2000元，而B商家昨天销售额为2000元，前天为1万元。虽然总的销售额是同样的，但是因为时间的原因，A商家的排名会比B商家的高。

（6）提高店铺评分。差评多，会导致店铺评分降低，从而拉低排名，减少店铺曝光。不过，真正能够影响店铺评分的并不是单个差评，而是一星差评率，也就是一星评价数占总评价数的比值。如果店铺的好评、中评足够多，偶尔有几个一星差评并不会带来负面影响。除此以外，系统考察的是过去一段时间内的评价，很久以前的差评并不会被计算。

 小提示 ▶▶▶

　　想要提高店铺评分，最简单直接的方法是鼓励用户给好评，商家可以在外卖包装里塞小纸条，或者是在菜单中对顾客卖萌求好评。

2. 提高搜索流量

用户搜索菜品一般是三种情况。

第一种：直接输入店铺名称，找到店铺。

第二种：输入品类名称，比如"酸辣粉"，选择一家店。

第三种：点击搜索框查看"热门搜索"的推荐，选择一家店。

对于大多数店铺来说，最常遇到的情况是第二种。因此，想要让自己的店铺更容易被用户搜到，需要做好图12-3所示的3点。

图 12-3　提高搜索流量的措施

（1）店铺名中加上品类名。最经典的外卖店铺名是"品牌名称＋品类名称"的形式。由于店名中包含着用户搜索的品类名称，所以更加容易被搜到。大多品牌店都使用这种命名方式。如图12-4所示。

比如，味极香煲仔饭、柳城记螺蛳粉、华莱士炸鸡汉堡等。

图 12-4　店铺命名

（2）菜名大众化。商家可以通过优化菜品名增加被搜索到的概率。优化的规则很简单：清晰易懂，是常见菜名。

比如，豆腐汤就叫"豆腐汤"，而不是"滋润营养汤"，那么被顾客搜到的可能性会大得多。如果觉得"豆腐汤"太普通，也可以叫"暖胃豆腐汤""荟萃豆腐汤"，只要加上关键词就行。

 小提示 ▶▶▶

　　如果菜品是套餐，可以是菜品名＋一人餐或双人餐。

（3）添加"商品标签"。填写"商品标签"是最容易提升搜索排名的方法，通过给每道菜品写上食材、做法、口味等标签，用户在搜索的时候，就算他搜索的词不包含在你的店名、菜名里，只要商品标签里有，就都能搜到。

 相关链接 ▶▶▶

店铺如何优化搜索，让用户更容易找到

有数据显示，每五个订单中，就有一个是通过搜索功能完成下单的，所以，优化搜索是让用户能找到店铺的一个重要途径，能给店铺带来更多的曝光，提升店铺的订单量。

那么，具体应该如何来优化搜索？

1.菜品取名要用常见且完整的词汇

一般用户如果搜索菜品名称，就表明他已经想好了要吃什么，下单目的性就非常明显。

比如，一个顾客想吃皮蛋瘦肉粥，那么他会直接在搜索框中输入"皮蛋瘦肉粥"，然后从排名先后往下选择。而这其中，排名越靠前的菜品名称是越符合顾客搜索的内容的。

不同外卖平台搜索效果截图

但是有一些外卖商家没有意识到这一点，把菜品名字写成"皮蛋粥"或"瘦肉粥"，虽然用户进店之后，也能明白具体是什么菜品，但是在搜索的时候，就没有办法出现在搜索结果的列表上，就白白浪费了这一部分的流量。

2. 店铺名称要加上主打品类或商圈名

首先，优化店铺名称的关键则是要突出主打品类，因为顾客在搜索菜品的时候，搜索结果会显示与搜索词一致或者近似的店铺，这样顾客才能在搜索时，发现并找到你的店铺。比如搜索饺子的时候，品牌名带饺子的店铺就会出现在搜索界面上。

不同外卖平台搜索效果截图

其次，优化店铺名称的时候，可以将具体的商圈的名字加在后面，比如金百万烤鸭（方恒购物中心店），肯定就会比金百万烤鸭（望京店）更合适，因为具体到商圈，更容易让用户辨别位置。

3. 制定标准化的 logo，让用户有记忆点

在外卖竞争激烈的当下，用户的选择性太多，所以对于外卖品牌来说，一定要具备高度的自我识别性，那么一个足够吸睛和标准化的logo，正好能够实现这一点。

之所以要标准化，是因为只要用户在下过一次单之后，下一次再看到logo就能有印象，能够想起来，哦，这是我曾经点过的门店、下过单的门店，所以一个标准化的logo能够从潜意识里来加深用户的印象。

4.美化菜品图片，让用户有点开的欲望

用户从平台选择点外卖的时候，会首先看到菜品图片，那么，用户有没有点开看的欲望，在于菜品图片的颜值高不高，够不够吸睛。

尤其外卖的核心人群是更年轻化的一类人群，这类人群需要不断的吸引力和刺激，如果你的店铺菜品介绍或者是菜品图片长期固定，长期不更新的情况下，品牌的渗透率和给顾客的预期都是达不到的，所以对菜品图的投入是非常有必要的。

比如，曼玲粥店的做法是，在整体的菜品图片的规划中，会定期地更换图片，保证用户在看到图片的时候，有新鲜感，有点开的欲望。

5.菜品做精细化分类，让用户购买更便捷

门店菜品需要做精细化的分类，一方面能够让用户购买起来更加便捷，另一方面，也是组合整体菜品的一种手段，可以通过这种方式，把所有的热销菜品，或者主推菜品放在前面。

比如，某餐饮店里第一个是放热销产品，第二个是折扣产品，后面才是营销类型的产品。这样用户能在第一时间看到这些产品，从而产生购买行为。

菜品精细分类设计截图

二、提升访问转化率

访问转化率是指，进店人数占店铺曝光人数的比值。访问转化率低，意味着很多用户划动过你的店铺，但是并没有点击进去。影响店铺访问转化率的因素有图12-5所示的7点。

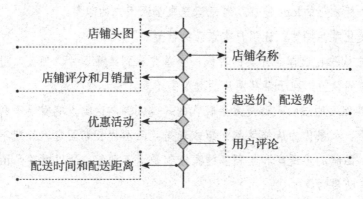

图 12-5   影响店铺访问转化率的因素

1.店铺头图

在访问转化率中，店铺头图非常重要。很多商家不重视这个小图片，对审美和设计不屑一顾。他们觉得自己是做餐饮的，只要口味好就可以，图片啥的都是唬人的。这种想法在线下实体餐饮店可能没问题，但是在线上外卖店就大有问题了。实体店中，能吸引用户注意的可以是香味、门头、客流、服务员的吆喝，但这些在线上外卖店中都没有。当用户"路过"（也就是手指划过）你的店铺时，能直接吸引他们注意力的，就是这个小小的图片。

因此，你的头图需要亮眼，有设计感、质感，这样才能用它吸引用户的视线，从而点击进店。商家可以观察周围店铺头图的颜色，然后选择一个和它们不一样的颜色作为主色调。如图12-6所示。

比如，在一堆深色头图中，白色的三及第餐厅就比较显眼。

2.店铺名称

店铺名最好为品牌名＋品类名，为什么店铺名要按照这种形式命名呢？这是因为这种命名方式除了能提升搜索外，还利于用户快速了解，进而增加访问转化率。

陈记三及第·汤粉面饭（八卦...
★ 4.8 月售4917　　　　　40分钟 3.2km
起送 ¥20 免配送费 人均 ¥20　　　准时宝

八卦岭/园岭米粉米线人气第2名

25减18 | 65减36 | 100减56 | 140减77

荣辉·隆江猪脚（猪脚饭）
★ 4.6 月售1224　　　　　40分钟 1.1km
起送 ¥20 配送 ¥1 ¥6 人均 ¥25　　　美团专送

"附近的猪脚饭都吃过，就这家的好吃"

30减4 | 60减9 | 90减15 | 含2元津贴　

二娘东北水饺（凉皮&凉面）
★ 4.8 月售3768　　　　　53分钟
起送 ¥15 配送 ¥1 ¥4 人均 ¥18

福田区饺子人气第3名

22减17 | 30减19 | 55减28 | 含10元津贴

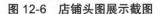

图 12-6　店铺头图展示截图

如果你的店名叫"阿良蒸饺"，那么用户能迅速明白你主卖的是蒸饺，"阿良"是你的品牌名。但有的人会把店铺取名"阿良家""阿良的童年味道"之类的名字，虽然很好听，但是用户会一头雾水。就算你的头图中有蒸饺，店铺的主营品类选择的也是"饺子"，可用户是不会注意的。

需要注意的是，虽然外婆家、真功夫、麦当劳这些店，光看名字也不知道具体卖的是什么，但是这些品牌在餐饮界已经拼杀多年，早已在用户心中塑造出品牌形象，一家普通的外卖店不应该在取名方面借鉴他们。所以，写明店铺的品类，让用户做直线思考，这样才能提升店铺的访问转化率。

 小提示 ▶▶▶

用户在浏览商家列表时，首先注意到的就是店铺 logo 和名称。规范的店铺 logo 和名称既有利于塑造品牌印象，也有利于提升店铺被用户搜索到的概率。

3. 店铺评分和月销量

当你的店铺引起用户的兴趣后，用户还会注意评分、月销量，来推断这家店好不好吃、服务怎么样。如果评分、月销量较低，会给用户留下"不好吃"或"有问题"的印象，从而影响用户进店访问。

4. 起送价、配送费

价格一定是用户关注的重点。因此，用户会查看起送价、配送费来综合判断这家店的消费是否符合预期。所以商家需要诊断自己的起送价、配送费是否设置合理。

 小提示 ▶▶▶

想要吸引用户进店，自配送商家可以适当降低自己的配送费；非自配送商家可以参加营销活动，设置"减配送费"。

5. 优惠活动

想要吸引不同类型的新老用户，商家可设置多种类型、多个档位的活动，这样对用户的吸引力更大。除了最常见的满减，还有折扣菜、代金券、新用户立减××元等活动。如图12-7所示。

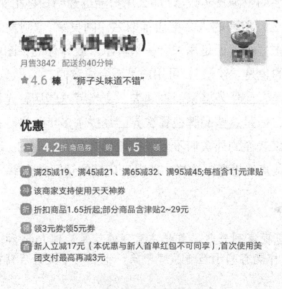

图 12-7　店铺活动截图

6. 用户评论

通常外卖平台会选取一两句能代表店铺优势的好评语作为标亮的用户评论，内容会侧重菜品、服务、包装等，所以这就对商家在各个环节的质量上提出了相应的要求。

7. 配送时间和配送距离

大多情况下，用户都希望能尽快收到外卖，因此也会关注配送距离、配送时长和配送方式，来综合判断自己是否能在预期的时间内收到。

对此，商家应选择适当的配送方式，设置合理的配送范围来保证配送的时效。

三、提升下单转化率

下单转化率是指下单顾客数占进店顾客数的比值。在外卖平台上，流量变成订单要经过两步转化。

第一步是由曝光到访问的转化，衡量此类转化水平的，就是"访问转化率"。对应到线下，相当于顾客在逛街，然后走进了店铺，查看菜单（商品）。

第二步是由访问到下单的转化，衡量此类转化水平的，就是"下单转化率"。对应到线下，相当于顾客决定要在哪家店吃饭（购物），并选好要吃（买）什么。

访问转化率和下单转化率共同构成了成交转化率。

如果店铺的下单转化率低，说明店铺的装修、菜单栏设计、评论管理等方面很可能出现问题。到底该如何吸引更多的顾客下单？可参考图12-8所示的技巧。

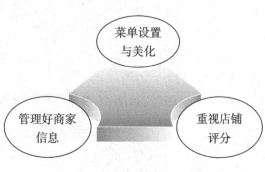

图 12-8　提升下单转化率的技巧

1. 菜单设置与美化

外卖餐品讲究"快",除了指送餐速度的"快",还泛指信息寻找速度的"快",让用户进店后三页内就找到他想吃的,这是外卖铁律之一。

一份完整的外卖菜单,由菜单分类和名称、菜单排序、菜品名称和图片、菜品描述、菜品规格等几个方面组成。好的菜单应该达到图12-9所示的效果。

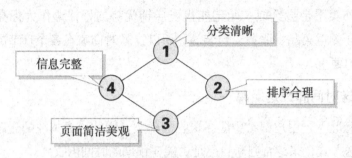

图 12-9　好的菜单应该达到的效果

因此,商家可以将店铺的菜单栏按以下要求来设置。

(1)控制菜单长度。菜单栏绝对不能过长,最好控制在8个类目,50个菜品左右。太长的菜单会让用户陷入选择恐惧症,最终放弃点餐。

(2)规划菜单栏目。除了常规的"热销""折扣",剩下的菜单栏可以按照招牌菜、主食、套餐、小菜、酒水饮料等大类来划分。如图12-10所示。

图 12-10　菜单栏分类截图

商家要像管理军队一样规划好店中的菜品，将它们放入最合适的类目，并把最重要的菜品放到最前面。这样的菜单栏清晰明了，才能方便用户查找。

　　（3）菜单栏名称不要太长。菜单栏名称最好为4个字。很多热门外卖店的菜品栏总是一溜排的4字名称，这不是因为大家都喜欢四字词语，而是因为一旦超过4个字，多的字会出现在第二行，显得很不整齐。如图12-11所示。

　　商家可以按照"两字形容词"+"两字品类名"的形式给菜单栏取名，比如"精致凉菜、精品杭菜、经典川菜"，这种写法规范感很强，又不会显得过于干巴巴。如图12-12所示。

图 12-11　菜单栏名称过长显示截图　　　　图 12-12　排列整齐的菜单栏名称截图

2. 重视店铺评分

　　"点餐"栏旁边是"评价"栏。很多新用户在选择一个商家时都会去看看评价，在这里用户可以了解到店铺的评价总数和商家评分、配送满意度等各项数值，如果评分太低、差评太多势必会影响顾客下单。如图12-13所示。

图 12-13 店铺评分显示截图

商家一定要重视店铺评分，它代表的是群众口碑，在缺乏透明度的任务通道里，高评分相当于用户的下单加速器。

 小提示 ▶▶▶

　　商家可以通过小票留言、电话追踪、打电话等方式加强与用户的沟通，这些动作本质上是在跟用户建立联系，这样用户会更放心，下单时也会减少顾虑。

 相关链接 ▶▶▶

如何引导用户好评

　　外卖用户精力有限，很少会评价菜品，更多的是对餐品不满意，才想起来评价。商家如何才能调动用户积极性，让他们主动评价？

　　1.通过媒介提示顾客评价

　　在平台介绍或随餐附赠的餐垫纸中，增加引导用户评价的内容，提醒用户做出评价，或采取群发短信等方式，提示用户做出评价。

如果产品和服务能获得用户的认可，那就有较高的几率获得好评。

2.通过许诺红包、返券、抽奖等利益，吸引用户评价

设置小额代金券，定向发送给五星好评的用户，并在外卖平台展示信息，提示用户好评返券。如果店铺有微信群，还可以有更多玩法，比如定期让用户在群里晒好评，群主发红包或把所有好评的用户集中起来，进行抽奖。

红包、抽奖等活动，需要付出一定的金钱、人力成本，好处是用户的黏性会更高，在收获好评的同时，也提升了复购率。

3.用超出用户心理预期的产品和服务，争取用户好评

具有高性价比的产品和贴心的服务会给用户带来惊喜，让用户在感动之余，默默奉上评价。使用好的食材，保证菜品口味和随餐附赠小菜、软饮都是不错的方法。服务方面则更多是对细节的把握，如包装结实、小菜独立包装、提供一次性手套等。

3. 管理好商家信息

"评价"栏的右侧，可以看到更多的商家信息。其中店铺的实景照片，以及食品安全档案等内容，有助于用户放心下单。尤其是在用户首次进店时，完善的商家信息能更快获得用户的信任。如图12-14所示。

图 12-14　商家信息展示截图

四、提升客单价

客单价是指每一位用户平均消费的金额，客单价也即是平均交易金额。店铺的销售额是由客单价和用户数（客流量）所决定的，客单价和店铺营业额的关系如下。

$$店铺流量 \times 下单转化率 = 订单量$$

$$订单量 \times 客单价 = 店铺营业额$$

因此，要提升店铺的销售额，除了尽可能多地吸引进店客流，增加用户交易次数以外，提高客单价也是非常重要的途径。具体方法如图12-15所示。

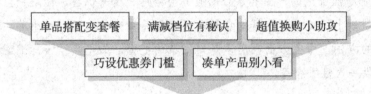

图 12-15 提升客单价的方式

1. 单品搭配变套餐

毋庸置疑，套餐是最广泛认可的提升客单价手段。很多店铺都有套餐，但是搭配套餐的目的是什么、套餐的价格怎么设置、产品怎么搭配，要结合店铺的运营方向，来制定相应的套餐策略。

不同于引流作用的套餐，如果是为了提高客单价，那么套餐价格的设计一定不是赔本赚吆喝，而是在保证利润的前提下，以高性价比来吸引用户。

一般套餐的设置是以店内热销产品为基准，配以小吃、汤品的单人餐，或者是以两人份热销菜品组成的双人餐。

比如，原本用户只想点一个20元的主食，商家帮他搭配一个原价10元的汤，和一个原价6元的小菜，这样组合成一个套餐，售价28元。

从用户的角度来看，搭配的东西只花了8元，相当于是5折（汤10元＋小菜6元＝16元，5折后卖8元），而且自己吃的也丰盛了，面对看起来性价比更高的套餐，何乐而不为呢？

对于店铺而言，直接就多收了8元钱，相当于一个用户增加了40%的营收，况且汤和小菜往往又是毛利比较高的产品，所以单品变套餐是一个店铺增加营收最"轻"的做法。

2. 巧设优惠券门槛

优惠券有很多种类，提高客单价就要巧妙地设置优惠券的门槛。如果店铺的客单价是30元，赠送代金券的可用门槛设置为25元，这种设置只能说有利于提升店铺复购，对客单价的提高并没有帮助。如果把代金券的可用门槛拉高到40元，肯定会有用户为了使用代金券去凑单，客单价自然就上来了。

因此，想利用代金券提升客单价，那么可用门槛应适当高于客单价。

3. 满减档位有秘诀

满减档位的合理设置是促使店内下单率有效增长的方式，也是增加客单价的有效方式。

在外卖平台上，经常看到有些商家这样设置一些满减活动。如图12-16所示。

图 12-16　满减活动设置截图

比如，满30减13、满58减17、满88减20、满118减28，随着顾客消费金额增加，优惠也越多，这种活动背后的动机就在于用更大的优惠力度，刺激顾客消费更多，从而提升客单价。

4. 凑单产品别小看

该手段一般是与第3点相互配合使用，通常凑单产品以小吃、饮品等低客单价但高毛利的产品为主，在原来满减档位提高的情况下，引导用户下单购买凑单。

商家可以根据季节变化、顾客消费习惯，推出小吃、饮品等高毛利产品，让用户"顺便"带走，这是提高客单价很好的方法。

比如，店铺经营的是烧烤，那么可以在夏日售卖期间增加一些消暑降火气的饮品；如果店铺经营的是面向白领的工作餐，搭配一些价格便宜、小分量的凉菜、沙拉或水果切片供选购，应该会得到用户更多的好感。

千万不要小看了小吃和饮料，这个做法不仅使得用户在不知不觉中多花了钱，而且满足了用户需要，同时还增加了商家的盈利点，让客单价悄悄地水涨船高。如图12-17所示。

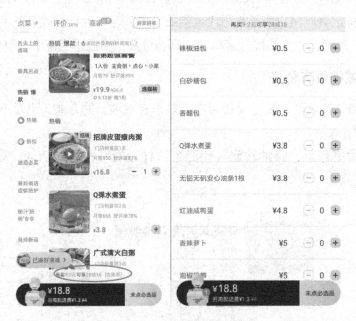

图 12-17　满减凑单活动截图

5.超值换购小助攻

超值换购其实是一项很好的平台营销活动，在用户的结算页面会有超值换购的选项提示，一般为2～8元的商品，以比成本价略高一点的价格对外销售，这个活动的概念不是要带来多少利润，更多的是为了消耗库存，增加销量及营业额。如图12-18所示。

图 12-18　超值换购活动截图

对于一些低客单价的商家来说，主营产品线上，低价产品过多，中高价格产品几乎没有，是客单价难以提升的原因之一。此时，商家如果想在客单价上有突破，可以结合自己的产品优势，推出有竞争力、高毛利的中高价产品，用来带动店铺整体的客单价。

需要注意的是，推出中高价产品的前提，是店铺流量已经稳定，并拥有一定数量的老用户作为转化基础。

 小提示 ▶▶▶

提升客单价并不代表简单拉高产品价格，一定要多分析店铺定位和用户群体，通过优化店铺和营销技巧，多思考如何让用户更愿意多花钱，且通过多花钱获得了更高更优的用户体验，这样才能逐步改进，找到最适合自己的经营策略。

 相关链接 ▶▶▶

餐品组合出售的原则

1.套餐价格不低于单品总价格的80%

套餐价格一定要比单品总价低，这是最为基本的，但是却不能低太多，一是因为利润会过低，二是因为太低的价格会让只买单品的人感觉不愉悦。

根据统计，肯德基大部分套餐的价格都是单品总价格的84.4%，因此，建议套餐的价格不低于单品总价格的80%。

2.搭配单品不宜过多

作为套餐，其主要作用除了提升客单价外，就是让用户能拥有更好的餐饮体验，所以套餐内的单品不宜过多，因为过多的单品让用户感觉没有必要，因此不想去点。

商家一定要给用户带来"这个套餐是

套餐设计截图

为了我好"这种印象和感觉。一般的单人套餐内的单品在3～4种为最佳。

3.搭配单品不冲突

我们去肯德基店里可以发现,没有一份单人套餐是带有两个汉堡或两杯饮品的,同理在面馆内,也不可能出现一份单人套餐有两碗面。

套餐内的单品之间不能冲突,要能互补,否则用户就失去了点套餐的意义,除非真的有人想自己吃两碗面。

4.不要把最火热的单品组合在一起

有些商家会把卖得最火的几种单品组合在一起出售,殊不知这样会少赚很多钱。因为这些单品非常好吃,你不管做不做成套餐,用户都会去点。

所以,最好的做法应该是:把最火的某个单品和普通单品进行组合出售,这样,用户很可能在点完这个套餐后,还会去点其他火热的单品。

五、提升复购率

复购率是指用户对该品牌产品或者服务的重复购买次数,重复购买率越多,则反映出用户对品牌的忠诚度就越高,反之则越低。对于外卖商家来说,拉新并不是什么难事,只要做一些活动,就可以获得不少的用户。难就难在如何去留住这些新用户,引导他们的第二次消费,甚至是第三次、第四次,因此,提高复购率才是商家运营的难点。具体来说,用户复购率提升办法如图12-19所示。

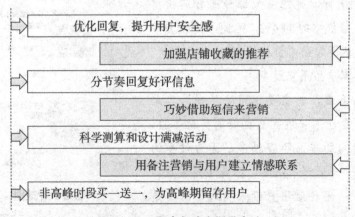

图12-19 用户复购率提升办法

1. 优化回复，提升用户安全感

很多店铺并不关注对用户评价的回复，认为购买过了就不需要好好回复，只设置机械的回复话术，让用户始终感觉在和机器人自动回复对话，感觉商家不够用心。好的回复话术应该至少向图12-20所示的三个目标努力。

要求一	让满意的用户产生强烈的消费尊崇感，并提升二次购买欲望
要求二	让差评用户能感觉到商家的歉意，并产生二次购买的信任前提
要求三	对于无理取闹的用户评价进行回复，可让其他用户认为商家认真负责，波澜不惊，从而产生价值观的认同，降低用户的感知购买风险

图12-20　好的回复话术要求

2. 加强店铺收藏的推荐

我们都知道平台是一个逐利的战场，新店、品牌推荐等曝光手法层出不穷，要想用户轻易找到我们，唯一可以凭借的就是店铺收藏率。那么在回复内容中、活动推介中都可以大力度加强店铺收藏的推荐环节。

 小提示 ▶▶▶

> 从线下店的角度来说，网络平台的店铺收藏甚至可以媲美店面会员卡的作用，提升复购率不言而喻。

3. 分节奏回复好评信息

这是一个隐藏技巧。很多平台具有新评论和新回复优先显示的规则，因此，对于好评，特别是详细好评信息的分步骤回复，并适当提醒收藏店铺，是邀请用户二次消费的有效保障。如图12-21所示。

比如，用户今天吃了你家的龙虾，明天继续吃的可能性并不大，但是2天后二次点单概率会增加。而你的回复将像一条广告信息一样提醒用户，您可以再次点击我们了。这是外卖平台内唯一的用户信息推送广告形式之一。

图 12-21　商家回复顾客评论

4. 巧妙借助短信来营销

　　传统做餐饮都用过短信营销，逢年过节发个祝福短信什么的，给用户温暖和关怀。

　　比如，某店铺曾经做过一次短信营销，用很低的成本，达到 15% 转化率。怎么操作的呢？就是给曾经在店内点过餐的用户发短信，再点单的时候只要备注写上"隐形的翅膀"，就可以免费获赠一个鸡翅，活动持续一周。当时商家给 800 多个人发短信，一共回来 118 单复购，甚至有超过 60% 的用户点单两次以上。

　　实际上很多时候用户不选择这家店铺，不是因为店铺有问题或是菜品不好吃，有可能就是忘记店铺的存在了，店铺只需要在合适的时候给用户一个小小的提醒，让他觉得这家店铺有趣好玩、对店铺印象深刻，他就会回到店铺的常规购买用户群体里。

5. 科学测算和设计满减活动

　　几乎每一个外卖平台、每一个商家都会有满减活动，这是一种优惠营销。

但满减的设计，实际上是非常有学问的，不是拍脑门看竞品做多少自己就做多少，商家一定要根据自身产品的价格结构做测算和设计。

比如，某店铺新店开业时，同品类商家的满减各种各样都有，10减5、25减10、30减18、40减20等。但这家外卖店的满减设计最低就是30元这个档，因为设计在什么档位用户就会重点点击什么档位。

如果设在25元这个档，第一利润空间会变小，第二现金流会变小，最重要的是，一份麻辣香锅，用户在25元这个档可能会吃不饱，那么下次他可能就不会点了。30元这个档再加上满减，用户其实不会多花几元钱，却可以吃得很好。

外卖满减虽然看起来是很简单的优惠营销，但每一个设计的背后，对用户行为会有什么影响、自己的毛利空间是多少，商家都要根据自己的情况去测算。盲目模仿竞品的后果就是，赔本还不赚吆喝。

6. 用备注营销与用户建立情感联系

用户点外卖大多是通过手机，由外卖员把餐送到用户手中，可以说用户跟商家之间没有任何直接的沟通，冷冰冰的。如果用户不能跟你的店铺建立情感联系，你在他的记忆里没有留存，怎么会复购你的产品呢？那么，外卖商家应该怎么与用户建立情感联系呢？

某外卖店的做法是，给员工放权，让员工可以有权力给用户赠送多少元之下的东西，有了这个权力之后，员工就可以非常大胆地在外卖单的备注栏写字。

比如，某店铺有一次接到一个订单，顾客点了100多块钱的菜，但是只点了一份米饭，员工直接写了"大姐看你点了这么多菜，怕你不够吃，再多送你一盒米饭"。这样当顾客看到这些文字，看到店铺多送的一盒米饭，他是有一种温暖感的，下次再点这家的可能性就大大增加。

7. 非高峰时段买一送一，为高峰期留存用户

一般外卖订单都会集中在中午，那么怎么利用下午2:00～4:00这段单量比较少的时间呢？如图12-22所示。

图12-22 买一送一活动展示

　　比如，某店铺在这个时间段对部分食材做买一送一的活动，用户进入店铺首页就能看见这个活动。因为用户在这个时间看到买一送一可能会关注或者下单，虽然一开始是为了优惠下单，自己的成本也高了一些，但了解到口味之后，觉得还不错，就有可能下午或晚上继续下单了。

第三部分
互联网思维创新之
服务品质化

导言

　　随着服务行业的迅猛发展，服务品质越来越受到餐饮企业的高度重视，它不仅是餐饮企业扩大销售、争夺市场的重要手段，而且直接影响到餐饮企业经济效益的实现。因此，餐饮企业应不断探索提高餐饮服务品质的路径与方法，以谋求在未来竞争中的主动地位。

第十三章
营造优化服务环境

消费者走进餐厅，首先会用各种感觉器官去感知周围的一切，用眼去审视、用耳去倾听、用鼻子去嗅，在获得诸多感性认识后，上升为理性认识，再通过思维对所感知的事物作出评价、体验，能否获得好感只是瞬间的事。因此，餐饮企业应努力为客人创造一个优美舒适的消费环境。

一、灯光设计

环境设计中最关键的一步是灯光。不同的灯光设计有不同的作用，因此选择灯饰要根据餐厅的特点而定。

比如，一家餐厅选用立体灯柱，一排排灯柱既分隔出不同的饮食空间，又成为室内的装饰点缀。其左侧的灯向客席投射，而右侧的牵牛花状的灯则向顶棚投射，形成一朵朵光晕，颇有装饰效果。

餐厅灯光设计使用的种类颇多，诸如白炽光、荧光灯及彩灯等，餐饮企业可依据自己的特色需要而定。总之，无论选用那种灯具，都要使灯具的风格与室内陈设协调一致，最好能唤起人们的美味食欲。

1. 色温不宜过高

不同光源的色温，对环境氛围的渲染也会有很大差异。色温越高，光线越偏冷；色温越低，光线越偏暖。

餐厅用显色性好的暖色调能够吸引顾客的注意力，真实还原再现食物色泽，引起顾客食欲。可以按照功能区域，用照度拉开梯度，餐桌面和展示空间照度可以提高一些，相反通道空间和过渡空间照度可以适当降低。

小提示 ▶▶▶ ---

　　餐厅里不建议使用白光，白光的色温太高，不能凸显食物的色彩，照出来的食物会暗淡无光泽，让人一看就没有食欲。

2. 餐桌提供重点照明

　　现在越来越多餐厅会选择在餐桌上方设置压低的吊灯。如图13-1所示。

　　比如，某烤肉店的灯光设计是每一桌的桌面都采用金属吊灯来突出桌面，对餐桌进行重点照明，相对而言，周围的环境比较昏暗，所以集中在桌面的灯光无形中分割了空间区域，为每桌顾客制造了私密的用餐环境。另外，当压低式的灯光作用在吱吱冒油的烤肉上，精准地表现出食物最真实饱满的状态，造成的视觉冲击让顾客更有食欲。

图 13-1　餐厅灯光设计效果

　　这样的私密感尤其适用于具有强社交属性的餐厅，比如说适合聚餐的烤肉店、火锅店，或者是情侣约会的西餐厅。

3. 灯光色调决定餐厅的调性

　　室内灯光选用什么色调比较好？这个问题，要根据餐饮店品牌的调性和定位来回答。在这里，灯光的色调是用来帮助餐饮店去调动顾客情绪和用餐氛围的。

　　比如，一家以科学实验室为主题的甜品店，为了营造一种冰冷的科技感，灯光采用白色调，跟空间主色调青绿色以及金属元素搭配，效果就出来了。

4. 明暗、虚实对比分割空间

利用灯光的明暗、虚实来区隔空间，是很多小而美或者餐位密集的餐厅拯救空间的最佳方式。用灯光来区隔空间的优点在于，省去了物理性格挡所带来的逼仄感，同时节约了装修成本，也容易灵活调整变动装修风格。

很多时候，顾客不会特别注意餐厅的灯光设置，但其实他们用餐时的情绪甚至动作，却切切实实地不自觉会受到影响：进店、经过过道和不同功能区、入座，然后在餐位上跟同行者交流，上菜后给菜品拍照、自拍，再到用餐……这期间顾客的所有感受，都会受到灯光设计细节的直接影响。

所以归根结底，灯光于餐厅而言，并不只是单纯的照明，而是烘托整个空间的核心元素。它为空间的色彩和质地带来细节上的把控，它的功能与食客的味觉、心理有着潜移默化的联系，与餐饮企业的经营定位也息息相关。所以好的灯光设计，最终还是落到为顾客带来舒适的用餐体验上面。

二、背景音乐

背景音乐能起到调和气氛、增加情调的作用，因此，背景音乐必不可少。配置背景音乐时一定要与餐饮企业风格相适应，或欢快、优雅的流行音乐，或古典、婉转的名曲等。播放时音量应控制适中，切忌时大时小，并需由专人负责。

1. 音乐对顾客的影响

音乐的效果有很多，主要在两个方面，一是影响人的心理，掩盖环境噪声，二是营造氛围，创造与室内环境相适应的气氛，因此在酒店、餐厅、商场、学校等被广泛应用。

用餐时听优美的轻音乐，可使大脑交感神经兴奋，消化腺分泌的消化液增多，消化管道的蠕动加强，促使肠胃的血液循环，使食物的消化和营养物质的吸收更加充分。慢节奏音乐也可以促使用餐者细嚼慢咽，从而增强肠胃的消化功能。顾客的心情也会随之变好，用户体验会变得更好，这也是餐饮店服务增值的一个点。

案例

　　有个顾客路过一家餐饮店，原本没有决定去哪里吃饭，结果这家餐饮店刚好播放了一首她很喜欢的音乐，于是她被吸引走进了这家餐饮店。点餐的时候还特意和服务员说，你们刚刚播放的那首歌我很喜欢，我就是被这首歌吸引着进到你们店里的。

　　于是，顾客在用餐的时候，请求服务员再一次播放了这首音乐，顾客对这次服务体验很满意。当顾客发现了一家值得再次光顾的餐饮店，也会对你这家餐饮店做口碑宣传，无形中又扩大了品牌效应。

2. 所选音乐要符合餐饮店的特色

　　餐厅播放的音乐选择应该是有特色的，要跟餐厅的经营特色、消费群体对音乐的欣赏水平、餐厅营业状况结合起来，选择恰当的播放音乐。

　　特别是现在有很多特色主题餐厅，他们在背景音乐的选择上就一定要与餐厅的特色紧密结合，而且还要通过音乐营造和突出这种餐厅特色，放大餐厅的特色效应。

　　比如，南京某花园农庄，是以鸟鸣、流水声等大自然原生态的声音和纯音乐作为背景音乐。

　　有时候，音乐还能影响用餐顾客的用餐节奏，提高翻台率。经营者可以根据餐厅生意状况，通过音乐节奏的把控来催促或延缓客人的就餐时间。

　　比如，餐厅生意很好时，可以选择每分钟快于 60 拍的音乐节奏，这样的节奏有加速兴奋的作用，能影响加快顾客就餐的速度，提高餐厅的翻台率。

3. 音乐选择应以轻松明快为主旋律

　　经营中，餐厅可以根据门店最近状况来具体选择什么主题的音乐。不管怎么说，顾客来到餐厅消费希望可以得到放松，因此，总的要求是音乐的播放要选择抒情风格或轻松的，而流行歌曲或重金属一类的音乐对大部分餐厅都是不怎么合适的。

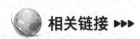 **相关链接** ▶▶▶

如何按音乐作用挑选背景音乐

1.缓解忧郁情绪

利用具有开畅心胸、舒解郁闷功效的乐曲。选择节奏明快、旋律流畅的乐曲，如贝多芬G大调小步舞曲，民族乐曲返璞归真、阳关三叠、步步高等。

2.消除烦躁心情

利用具有安神、宁心、镇静的乐曲来调适心情。选择旋律舒缓清悠，曲调低沉柔和的乐曲，如小夜曲、摇篮曲、梅花三弄、春江花月夜等，这类曲子适合环境清幽、享受心情的咖啡厅等。

3.抑制悲观情绪

利用使人轻松欣快的喜悦乐曲。选择旋律悠扬、节奏明快多变、音色优美的乐曲，如贝多芬第五交响曲、民族音乐百鸟朝凤等。

4.刺激食欲

利用音乐旋律刺激改善胃分泌及蠕动功能，选择旋律优美淡雅、自然舒展平稳、强度变化不大的乐曲，如贝多芬春天奏鸣曲第一乐章，柴可夫斯基四小天鹅，民族音乐渔夫唱晚、平湖秋月等。

三、色彩搭配

在餐饮空间设计中，色彩搭配对环境氛围以及人们的心理感受起着不可忽视的作用。据调查发现，人们在进入一个陌生空间的时候，80%左右的注意力是集中在空间中的一个突出的色块上，之后才会转向其他因素。

1.色彩运用对餐厅的影响

营销界有一个著名的"7秒定律"：人们在7秒内就可以确定是否有购买意愿，而其中色彩的作用占到67%。同样地，颜色运用在餐厅装修上，很大程度上也会决定消费者是否进门。具体来说，色彩运用对餐饮店有图13-2所示的影响。

（1）刺激食欲或者抑制食欲。大部分的餐厅都比较倾向于选择红色、黄色、橙色等比较温暖而热烈的暖色系颜色，这是因为温暖的颜色和食物带来的饱腹感更能产生联系。

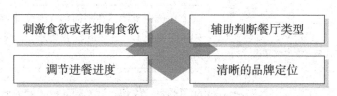

图 13-2　色彩运用对餐厅的影响

 小提示 ▶▶▶

暖色系更能增进食欲，相反蓝色、紫色、黑色则能让你更冷静地控制食欲。

（2）调节进餐进度。粉面类快餐店，往往喜欢用红色、橙色，这些能够使人感到愉悦和兴奋的颜色，加快消费者的就餐时间和进度。而在一些正餐或是休闲餐厅，颜色则会选择相对温和一些，这样会让顾客不自觉地放松心情，享受美食。

（3）辅助判断餐厅类型。顾客往往会从品牌的主题色去判断餐厅类型。

比如，看到正红色就会联想到中式菜肴或者川菜，而明快的色彩组合则往往是快餐店的感觉。

（4）清晰的品牌定位。餐厅的主题色配合装潢，以更加活跃和强烈的效果呈现，大多是大众餐饮，主要是想吸引时下的年轻人；选色上相对沉稳和优雅的，则大多是定位高端和以商务人士为主的餐饮店。

2. 色彩搭配的技巧

有的餐饮品牌会选择单一的主题色，突出自身品牌，但是更多的餐饮品牌会选择不同的颜色搭配组合来进行设计。当然，不同的颜色搭配也是有技巧的，具体如图13-3所示。

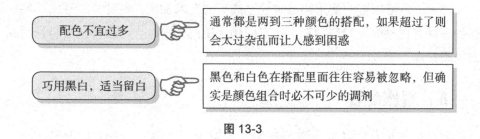

图 13-3

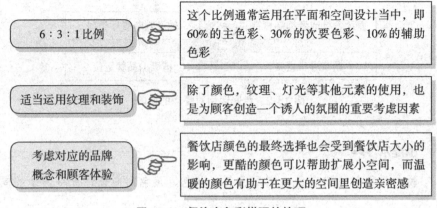

图 13-3　餐饮店色彩搭配的技巧

四、陈设布置

1. 作用

餐厅的陈设与装饰设计和布置是体现餐饮企业文化氛围的重要方面,是餐饮企业文化层次高低雅俗的一个标志。陈设与装饰是在各个细部上处处提醒顾客这家餐厅的与众不同。餐厅工艺饰品的陈设一方面显示了餐厅的文化层次,另一方面对餐厅主题的塑造也有举足轻重的作用。

2. 如何布置

餐厅室内陈设种类繁多,兼容巨细。它们以美化餐厅室内空间、界面或部分室内构件为主,具有美好的视觉艺术效果。

(1)表现某种艺术风格流派、文化信息,其中尺度大者常常成为餐厅的标志、中心主题,尺度小的如门把手、杯垫图案也与整个餐厅的装饰风格一致。

(2)给人愉悦之感并且具有识别性,品种从布幔、壁挂、织物、雕塑、工艺摆设到盆景、灯座等应有尽有。

(3)提供给顾客的使用物品也经过高度的艺术加工,使餐具、餐巾、菜单等物品具有优美的轮廓与图案,在方便顾客使用的同时,给顾客留下美好而深刻的印象。

五、餐座配备

餐座配备也是构成餐厅良好环境的关键之一,餐座配备要根据餐厅的气氛、装修档次、消费层次及经营特色来确定。餐座选好了，餐厅的魅力也会与日俱增。

1. 配置的标准

（1）餐饮企业可以按照餐厅的档次和经营形式合理选择餐台的形式和安排餐台间的距离，确定通道的位置、走向和宽度，最终确定餐桌的形式、规格和数量。

（2）为使餐桌规格选择合理，在筹建餐厅时应对目标顾客的就餐习惯和人数做好调查，并考虑周全，做到心中有数，这样才能既满足顾客就餐需求又使座位达到最大的使用率。

2. 配置的方法

（1）餐椅的选择。餐椅的种类与风格应该根据餐厅的整体环境和氛围而定，确保餐椅的用材、造型、色彩及图案装饰都与餐厅整体风格保持和谐，并在注重功能的前提下体现装饰效果。

（2）餐椅高度。餐椅的高度正常在42厘米左右，椅背高度在72～76厘米，并且与餐桌的高度有相应的比例。座位应该按照餐厅面积大小及空间布局作适当配置，使有限的餐厅面积得到最大限度的利用。

（3）餐桌面积。经营正餐的餐厅，其餐桌面积应相应较大；经营面点小吃的餐厅，其餐桌面积相应较小；餐厅档次越高，对供菜及服务方式的要求就越高，餐桌面积也越大。不同的餐桌样式占用的面积也不同，具体如表13-1所示。

表13-1　餐桌面积设计方法

序号	餐桌构成	座位形式	平方米/人
1	正方形桌	平行（2座）	1.7～2.0
		平行（4座）	1.3～1.7
		对角（4座）	1.0～1.2
2	长方形桌	平行（4座）	1.3～1.5
		平行（6座）	1.0～1.3
		平行（8座）	0.9～1.1

序号	餐桌构成	座位形式	平方米/人
3	圆桌	圆桌（4座）	0.9 ~ 1.4
		圆桌（8座）	0.9 ~ 1.2
4	车厢桌	相对（4座）	0.7 ~ 1.0
5	长方形桌（自助餐）	相对（4座）	1.3 ~ 1.5
		相对（6座）	1.0 ~ 1.2
		相对（8座）	0.9 ~ 1.0

3.配置的要求

选择餐桌、餐椅时要特别注意规格、款式、材料、色调、油漆等。因为餐厅需经常冲洗以保持卫生，所以桌椅的材料最好选用实木或钢木。另外，桌椅用油漆一定要耐热或使用塑料贴面。此外，选择的桌椅还要稳固、耐用。

六、温度、相对湿度和气味

1.温度

针对不同的季节，餐厅的温度也应有所调节。餐饮店的最佳温度应保持在24 ~ 26℃之间。

2.相对湿度

档次较高的餐厅，应该用较合适的相对湿度来增加舒适程度，给顾客轻松、愉快的感觉；快餐店相对湿度要求可稍低一些。适宜的相对湿度，可以通过加湿器等设备达到。

3.气味

良好的气味，可以利用空气清新剂、通风等办法或是采用烹饪的芳香来体现。

第十四章
精心制作餐饮菜单

一份好的菜单，不仅能为餐厅带来可观的经济效益，还能与顾客之间实现良好的互动，更能有效减少服务员与顾客的沟通成本，从而大大提升翻台率。

一、菜单种类

菜单主要包括零点菜单和宴席菜单两种。

1. 零点菜单

零点菜单又称点菜菜单，是一种广泛使用同时又比较灵活的菜单，它可以服务零散客人或团队客人。由于零点菜单的每道菜肴后面都有明码标价，所以更受散客的青睐。可以说，它既是客人和餐饮店联系的纽带，又是餐饮店经营特色和水平的标志。如图14-1所示。

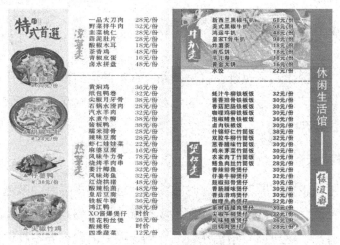

图 14-1　零点菜单截图

小提示 ▶▶▶

零点菜单的制作要简单，便于顾客查找菜品。

2. 宴席菜单

宴席菜单是指全套菜点、酒水（有时不写）、果品的完整名单。它主要是指各种宴会菜单，如婚宴、谢师宴、寿宴、满月宴等。如图14-2所示。

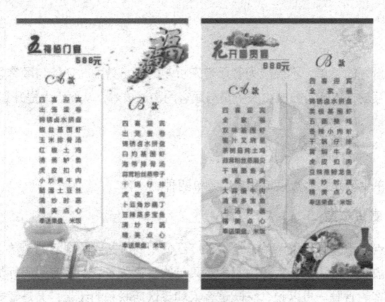

图14-2　宴会菜单截图

二、菜品的选择

菜品是一家餐厅的灵魂所在，也是顾客真正关注的重点。餐厅在制作菜单时，菜品是第一环节也是尤为重要的环节。没有好的菜品，营销做得再好，餐厅也很难留住顾客的心。

1. 瘦身减法

餐厅的菜品越多，顾客在点菜时的难度就越大，用餐时间就越长，翻台率和体验感也会随之下降。那么该如何用瘦身减法解决痛点？其实，减菜单并不是单纯的做减法，这里面有销售额、毛利润、吸引消费者等多种诉求。做任何减菜单和菜品优化、定位的时候，千万不能盲目，否则顾客满意度降低，减菜单就相当于减了利润。

所以，在减菜单的情况下，品类越全越好。不能让顾客在点菜时，发现自己想点的品类压根没有，顾客会觉得这家餐厅的菜少，没什么可吃的。

比如，不少人说起网红品牌"杨记兴臭鳜鱼"，都会提到它菜单瘦身的过程。"徽乡肴"（原餐厅名字）菜单上有200多道菜，却没有一道能让人记住。创始人杨金祥经过数次调整，将菜单不断"瘦身"，从200多道菜缩减为39道菜，并将臭鳜鱼作为招牌。以"臭"为名在中餐品牌中极为少见，但也正因这个"臭"名字，让路人感觉很特别，一下子便记住了"杨记兴"。经过此次优化，臭鳜鱼的销量飙升，占店内销售总额的50%。

2. 结构合理（轻重菜品）

所谓结构合理，是指分类明确、搭配合理，可在一周中不同时间段来对菜品进行不同的种类搭配，比如荤菜、素菜、汤羹、锅仔、凉菜、炸菜等分布科学。

 小提示 ▶▶▶

在不同时间段推出不同的菜品，不仅可以满足顾客的即时性的餐厅需求，也极大地增加了顾客到店的可能性。

3. 突出爆品

专注菜品排兵布阵，主次分明，突出爆品、主品，利润最高的放在黄金位置。好比超市会把最赚钱的商品放在与顾客眼睛等高的地方一样，菜单设计也要让最赚钱的菜品吸引住顾客的视线，而右上角是菜单的黄金地带。

4. 辣度适宜

整本菜单中可以考虑不同地域的用户口味，需要有辣与不辣的标识，且应对辣的程度进行区分。

据了解，我国男性接受辣的程度要比女性偏弱；广东地区的朋友饮食偏清淡；江浙地区则更喜欢口味偏甜的食物。所以即使全国消费者的喜辣程度日趋增多，但仍旧不可忽视不爱辣的消费者。

三、菜单设计要求

菜单就像是一个无声胜有声的销售员，形象、气场、说词、价格如何，决定了餐厅盈利的一个关键，它是消费者直接产生购买的中介。一般来说，餐饮企业在菜单设计时应满足图14-3所示的要求。

根据时令变化设计菜单　　　　以销售动态决定菜式

图 14-3　菜单设计要求

1. 根据时令变化设计菜单

菜单的设计灵活多样，随着季节的变化而设计出不同的菜单，不仅为餐饮企业节约了一笔食品采购、储藏的成本，而且还能给顾客一种新鲜感，从而产生吸引力。这种季节性的菜单可考虑人们在不同气候条件下产生的不同的就餐偏好和习惯。

比如，在酷热的夏季，推出凉菜、清淡菜或汤；在严寒的冬天，推出火锅系列、砂锅系列及各类味浓的辛辣菜。

这种根据季节性设计的菜单还需要经营者对市场价格有一定的考察，一方面保持菜单的多样性和变化性，另一方面要熟悉市场价格，高价菜和低价菜相配合，保持餐饮店的盈利。

2. 以销售动态决定菜式

餐饮企业在设计菜单时，应将菜单与销售联系在一起来考虑，菜单里的菜式品种和价格都影响着企业的盈利。

价格是餐饮企业为追求客源的一大措施。假如一个餐厅地处偏僻或餐厅的知名度较低，在这种情况下，为了招徕顾客，菜式的价格往往会定得很低，使顾客喜欢光顾，这样"酒香不怕巷子深"，从而使餐饮店的知名度渐渐提升起来。但这种情况要首先计算出最低的盈利价，在不亏本的情况下少赚些。

在市场的竞争中，餐饮企业的经营还需用局部带动整体。菜单可以设立一些"特殊的菜式"，这类菜式的特殊性主要在于它首先必须深受顾客喜爱，同时还能刺激其他菜品的销售。

比如，一些泡菜、地方特产，餐饮企业可将这些菜免费提供给顾客，或者收取少许的费用，因为其成本低，客人再要也不会亏损太多。

四、菜单设计技巧

菜单的设计实际上也是餐厅营销的一个重要组成部分。很多人都以为菜单只是为了向消费者展示菜品，帮助消费者点菜，很多人对于菜单的设计也只停在美观上，殊不知真正的菜单设计应该隐含着不少消费心理学，对促进顾客消费起到不小的作用。餐饮企业在设计菜单时，应掌握图14-4所示的技巧。

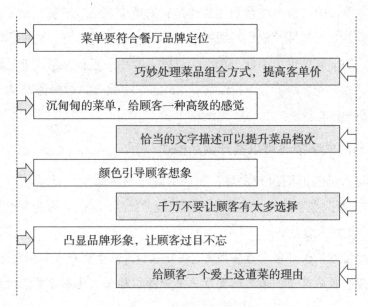

图 14-4　菜单设计技巧

1. 菜单要符合餐厅品牌定位

菜单要符合餐厅的定位，以符合品牌调性的风格去设计。品牌故事对于餐厅品牌包装的营销起正面积极的作用。

顾客通过菜单看到品牌故事，会对其思维产生一定影响，通过对品牌的价值和文化了解达成认知，一旦对其产生认可、信任，就不再轻易改变了。品牌形象表现出来的特征直接反映了品牌的本质和消费者对品牌的认知，或者一提到这个元素消费者就会与品牌的形象联系起来，反映的是品牌在消费者心中的实力，因此品牌形象十分重要。

2. 巧妙处理菜品组合方式，提高客单价

菜单上菜品的组合方式，会影响到顾客的预期用餐体验。可将主打菜、毛利率高的菜、颜值高的菜和出品最快的菜结合在一起，提升主打菜的品质，保证口碑，颜值高的菜让顾客觉得用餐划算，出品快的菜能提高翻台率，毛利高的菜提高店面整个营收。

3. 沉甸甸的菜单，给顾客一种高级的感觉

拿到菜单，顾客首先注意到的往往是它的重量。一般来说，偏沉的菜单会让顾客感觉餐馆更高端，他们对服务的期待值也会随之提升。如果你的餐厅是做高级菜式的，客单价也不低，那么建议就不要用一张轻飘飘的纸让顾客点单了。毕竟，顾客花500元吃一顿饭和花100元吃一顿饭，对服务及菜品的期望值绝对是不一样的。

4. 恰当的文字描述可以提升菜品档次

斯坦福大学的近期研究发现，在自助餐厅的菜单上，"炸辣椒""甜炒青豆""香脆洋葱"等菜品的被选择率要比其他菜品高出23%，因为它们听起来更让人兴奋、更刺激食欲。

描述性文字不仅可包含感官描述，还可以加入关于生产者和制作者的说明，比如麦当劳的星厨汉堡、米其林餐厅三星厨师招牌菜，是不是更能增加顾客的期待感？

5. 颜色引导顾客想象

不只是文字，菜单的配色设计同样会给消费者不小的影响。简单来说，绿色往往给人健康与清新的感觉，而橙色可以促进食欲，醒目的红色则另有功效，其给人一种紧迫感，能把人的注意力集中在餐厅最想让消费者点的菜品上。

比如，很多沙拉店都十分喜欢用清新的绿色，这个自然就让人感受到沙拉的健康。

6. 千万不要让顾客有太多选择

菜单设计的一大忌讳便是在菜单中给出太多的选择。研究发现，对于食客来说，一次性可以关注的菜品最多为7个，超过这个数量则会顾不过来。所以，比较好的办法就是将菜单分为若干部分，每个部分5～7道菜。对于食客比较有耐心的高级餐厅来说，这个数量可以略有增加，但仍以10道以下为宜。

小提示 ▶▶▶

图片对于菜单总是最有力的辅助，配一张诱人的图片，和菜品一起框起来，能格外吸引食客的注意。

7. 凸显品牌形象，让顾客过目不忘

品牌形象能反映品牌的本质和消费者对品牌的认知，餐饮企业在设计菜单的时候，将能凸显品牌特征的元素融入进去，可以提高顾客对品牌的认知，加深印象。

好的菜单设计常常通过文案和排版来承载品牌故事的传播，与品牌调性相符的文案或者具有诱惑力的内容，能迅速激发顾客的兴趣，促使下单，比一些常见的营销手法还管用。

8. 给顾客一个爱上这道菜的理由

透过菜单，给顾客一个爱上这道菜的理由，不仅能收获顾客的忠诚，更能为餐厅的宣传制造更多噱头，赢得更多人气。

比如，大董烤鸭店为每道菜都配上了一句宋词，贴切而巧妙。如"生挺凌云节，飘摇仍自持"是"酥不腻"烤鸭的配词，体现出烤鸭在经过高温烘烤过后仍然保持肥而不腻的绝佳口感，比起传统北京烤鸭的油腻，"酥不腻"烤鸭滋味更是妙绝；"蒲公英糖葫芦"的配词是"一川烟草，满城风絮"，以飞絮类比蒲公英，在外观上给人清新自然的感觉，同时又有深远的意境……菜单上的每道菜都能给人一种意境美，引人遐想。

这样会讲故事的菜单，让人们在阅读菜单时有了浓重的代入感和好奇心，也因此对菜品印象更加深刻。

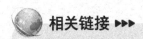

相关链接 ▶▶▶

菜单设计"小心机"

一张薄薄的菜单里，藏着大学问。下面和大家分享6个菜单设计的"小心机"。

1.合理运用颜色来设计菜单

菜单上的颜色绝对可以干扰顾客的决定。

绿色代表食物很新鲜，橙色表示食欲。

黄色是种有幸福感的色彩，通常被用来吸引食客的注意力。

红色，则能迅速引起人们注意。你可以利用红色来引导顾客选择你真正想让他们选购的菜品。

比如，西贝的菜单上，爆品菜、必点菜都会在菜品的左上角用红底白字标出，以刺激顾客选购。

2.把握菜单的金三角区

对于大多数人的视觉习惯来说，看一张纸首先看中间，然后是右上角再转移到左上角，这个位置，设计业称之为"金三角"。事实证明，人们在欣赏一张照片或者阅读一份菜单时，注意力首先是放在金三角上的。

因此，最重要的信息，首先应该放在这三个位置。你可以放置毛利润较高的菜品，或者在顾客中人气较高的菜品。

3.降低常见菜的价格，让顾客觉得你的菜品"便宜"

顾客在点餐时，一般都有个习惯，就是先翻看整本菜单有什么菜品，重点看菜品的价格区间，然后再和以前消费过的餐厅同类菜品价格作比较，以此来感知餐厅的消费价格高低。对餐厅的价格大体了解后，顾客才会开始点餐。但是，顾客并不能把之前见过的所有菜品价格都复制到大脑中，一一进行比价，而是会记得一些常见的通有菜价格进行比价，如很多餐厅都有的醋熘土豆丝、宫保鸡丁、番茄炒蛋等。所以，你可以通过降低常见的通有菜价格，来让顾客认为你的菜品很"便宜"。

比如，外婆家主打的低价引流产品——3元的麻婆豆腐，就在顾客心中为外婆家打上"经济实惠"的标签。

当然，降价也需要考虑店内的收益，低价菜品不宜超过菜品总数的5%，同时还要有价格较高的特色菜来负责盈利，保证利润平衡。

4.一个菜品设置大小份两种分量

有些餐厅的产品分量较大，稍微多点几道就吃不完，所以顾客点单时会比较克制，点的种类比较少。这时，老板们可以为部分菜品制定另一个标准，设置大小份，为顾客提供多一种选择。

其实，顾客并不清楚大份和小份的分量具体差多少，但看到小份菜更便宜，两人以下就餐会更倾向于点小份，顺便多点几样菜品尝尝。

5.主菜和配菜放同一页菜单上

每个餐厅都有主打菜，主打菜扛起了吸引顾客的大旗，但毛利率往往不是在平均水平，而餐厅中一些名不见经传的"小配菜"，却有着超高的利润。将主打菜与配菜进行组合，就特别重要。

如果一家烤鱼店的菜单中，烤鱼和配菜是分开的，顾客通常点完烤鱼，再到菜单的专门页配菜区去选择配菜，毛利较高的配菜很容易被顾客忽略，点单较少或者干脆不点，直接影响餐厅营收。所以，比较好的做法是把主菜和配菜放到同一页菜单上，主菜为主，配菜辅在周围，让顾客点完主菜随手就点配菜，还可以用明显的字样进行标注，比如说"烤鱼伴侣""精品配菜"等字样进行提示，促进下单。

6.一个菜品可在菜单上多次出现

没有人规定，一个菜品在菜单上只能出现一次。毛利率高，又受欢迎的菜品，完全可以在菜单上多次出现。

比如，菜单的首页、菜单中显眼的位置、在不同的品类或推出的套餐中，都可以重复放，菜品的曝光量高了，点单率自然也会提高。

五、菜单设计注意事项

既然菜单是餐饮企业宣传和促销的利器，那么其设计自然要符合企业的形象：外形要能突出餐厅的主题；颜色和字体要能搭配餐厅的装潢和气氛；内容的配置要能反映服务的方式。除此之外，设计菜单时还须注意图14-5所示的事项。

事项一	干净且有效地运用空间，但也不要太过拥挤，一般以50%的留白最为理想
事项二	封面设计需具有吸引力，并且能与餐饮店的室内装潢互相辉映
事项三	根据上菜顺序、配置时间等详细考量菜单的整体顺序
事项四	菜名需清楚易懂，如果是外文的菜名，则需附注翻译或加以叙述

事项五	可适时地加入文字或插页来促销特定的食物及饮料

事项六	一定要在醒目位置写明地址、联系电话及营业时间，以加深顾客对餐饮企业的印象

事项七	切不可把菜名或旧价格涂掉而填上别的菜品或价格，一定要重新印制新菜单，以免引起顾客的猜疑或不满

图 14-5　设计菜单时应注意的事项

第十五章
不断创新餐饮菜品

回归本质，餐饮的核心还是以美味的菜品吸引顾客。不断推陈出新，持续吸引顾客，才是餐饮经营的王道。如何满足消费者不断变化的饮食及服务需求，从而提高餐厅的竞争力和经营效益的同时进行菜品的开发和创新，是餐饮企业不得不考虑的问题。

一、新菜品的构思或创意

创新菜肴的研发工作是一个从搜集各种构思开始，并将这些建议、设想转变为市场上成功的新菜品为止的前后连续的过程。构思是餐饮产品的研发与创新过程的第一步，是餐饮店根据市场需求情况和企业自身条件，充分考虑消费者的食用要求和竞争对手的动向等，有针对性地在一定范围内首次提出研发新菜品的设想。

构思实际上是寻求创意，构思的新意以及构思是否符合市场需求，是日后菜品开发能否顺利进行的重要环节。

1.构思或创意的主要来源

构思或创意决不能凭空臆想，而应到实践中去做深入细微的调查研究，与各类相关人员进行信息交流，再通过构思者或创意者汇总信息加工而成。具体来说，新菜品的设想主要来自图15-1所示的3个方面。

（1）餐饮消费者。消费者是创新菜肴的直接使用者，创新菜肴的提供主要是为了满足消费需求。随着人们物质和精神生活水平的不断提高，人们对于创新菜肴的需求也在日益变化，并且更注重营养的搭配与吸收及原料的鲜活程度。

图 15-1 新菜品构思或创意的主要来源

通过消费需求途径，餐饮店可以直接明了地掌握消费者对于创新菜肴在各个方面提出的新的要求，可以更加清楚地把握市场中餐饮供给的空白点或薄弱环节，在此基础上所寻求的创意构思及推出的新菜品更容易为市场上的消费者所接受，也更容易成功。

 小提示 ▶▶▶

调查显示，成功的新产品设想有 60%～80% 来自用户的建议。

（2）内部员工。一方面，员工最了解餐饮店提供的产品；另一方面，一线员工直接对宾客服务，是与宾客接触最多的人员，宾客的各种意见包括正面意见和反面意见都是直接向服务人员表达出来的。因此员工是除宾客自身以外对顾客需求了解最多的人员，自然也就是菜品开发创意较好的来源之一。

（3）竞争对手。在激烈的市场竞争中，各餐饮店为了获取竞争优势，势必会不断地根据市场需求对产品组合推陈出新，这些餐饮新品是在认真的市场调研基础之上推出并能够满足消费者需求的，是经过市场考验之后才在市场中立足的。对此，餐饮店可以通过监视竞争对手的举动和菜品，对其进行调查分析，汲取经验，获取一些有关市场需求或比较受欢迎的新菜品的信息，并在此基础上发现新的构思，重新调整门店自身创新菜肴种类及其组合。

 小提示 ▶▶▶

这一途径是餐饮产品的研发与创新过程中获取创意的主要途径，特别是在餐饮店采用仿制策略、引进策略对菜品进行开发与创新时，竞争对手途径是菜品开发构思的主要来源。

2. 构思或寻求创意的主要方法

餐饮店在菜品研发创新时可以采取图 15-2 所示的方法来构思或寻求创意。

图 15-2　构思或寻求创意的主要方法

（1）排列法。将现有菜品按照其属性进行有序排列，便于快捷地寻找出应改进属性的类型、要求与方法，并以此为基础形成新的菜品构思或创意。

（2）组合法。先列举出若干具有不同功能、特性、用途、款型、规格的菜品，通过将其中的两种或多种菜品进行排列组合，从中产生新菜品构思或创意。

（3）多元法。构成菜品的要素很多，该方法是把新菜品的重要因素抽出来，然后对每一个具体特征进行分析，从中形成新菜品的构思或创意。

（4）专家法。围绕新菜品开发要求，组织若干名有独特见解的专家、专业技术人员、发明家等聚集一起进行相关专题讨论，在会前便向与会人员提出若干问题，给予他们充足时间准备，通过专家及其有关人员提出的各自设想和建议进行综合归纳与分析，在此基础上形成新菜品的构思或创意。

（5）群辨法。这种方法是在广泛征集各类信息基础上经分析整理、辨明真伪、择优转化所形成的新菜品构思或创意。其中所涉及的征询人员除专家、发明家和专业技术人员以外，还通过调查问卷、召开座谈会等方式向消费者征求意见，询问各类专业人员看法，包括各类中间商、广告代理商、储运商等。在认真听取意见和建议基础上对各种信息进行综合、分类与归纳，经辨析后形成的新菜品构思或创意，比较能切合市场的实际需求。

二、新菜品构思筛选

构思筛选是新菜品研发组织从各种设想的方案中，根据新菜品开发的目标和实际开发能力进行挑选、择优的工作过程。经构思产生的新菜品设想和方案是大量的，取得足够创意构思之后，必须要对这些创意加以评估，研究其可行性，淘汰掉那些不可行或可行性较低的菜品构思，并挑选出可行性较高的构思，进行可行性决策。

1.筛选阶段的两个层次

新构思产生之后，需要综合研究以下问题：这种新菜品是否有适当的市场；它的潜在需求量有多大；使用的原料是否受到季节的限制；烹饪设备是否齐全等。

筛选阶段分两个层次，如图15-3所示。

要求做出迅速和正确的判断，判别新菜品构思是否符合企业的特点，权衡这项新菜品是否与单位的技术能力相适应，以剔除那些明显不合理和不可能的构思，保证资源不浪费；进行初步选择的目的是把有希望的方案和没希望的方案分开，避免在那些不成功的方案上花费人力和物力

要求进行更细致的审查，最终筛选是谨慎和关键的一步，因为被选中的方案就要用来进行新菜品的开发，因此必须严肃对待最后的选择

图 15-3　构思筛选阶段的层次

2.筛选要避免的两种偏差

筛选是新菜品设想方案实现的第一关，筛选阶段的目的不是接受或拒绝这一设想，而是在于说明这一设想是否与企业目标的表述相一致，是否具有足够的可实现性和合理性，以保证有必要进行可行性分析。餐饮店进行新菜品筛选还要努力避免两种偏差，如图15-4所示。

不能把有开发前途的菜品设想放弃了，失去了成功的机会	◁ 偏差一 偏差二 ▷	不能把没有开发价值的菜品设想误选了，以致仓促生产，招致失败

图 15-4　筛选要避免的两种偏差

三、新菜品的设计定位

一道新菜品的构想通过创造性筛选后，继续研究，使其进一步发展成菜品概念，对菜品概念进行测试，了解消费者的反应，从中创造性地选择最佳的菜

品概念。

在市场调查的基础上，餐饮店才能界定出明确的菜品概念。恰当的菜品概念是菜品能否畅销、品牌能否建立的前提。就新菜品本身而言，竞争主要集中在其包含的特殊卖点上，没有独树一帜的特点，想杀出重围是很困难的。

菜品概念必须清晰体现出市场定位，既要体现出菜品在消费者心目中的认知层级，还要体现出菜品与竞争品牌之间的差异性，具体来讲包括图15-5所示的内容。

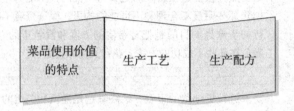

图 15-5　菜品概念包括的内容

当市场定位有效转化为具体的菜品结构时，新菜品本身就将体现出消费者的价值需求。新菜品的设计定位，直接影响到菜品的质量、功用、成本、效益等方面，进而影响到餐饮店菜品的竞争力。有关统计资料表明，产品的成功与否、质量好坏，60% ~ 70%取决于产品的设计工作。因而，菜品设计在新菜品研发的程序中占有十分重要的地位。

四、新菜品的试制

新菜品设计定位完成后就可以进行菜品试制。所谓试制，就是由厨师等技术人员根据构思采用新的原材料或烹饪方法，尝试着做在外观、口感等方面有所突破的新菜品。试制设计阶段是研发的主体阶段，是能否推出新菜品的关键时期，没有这一阶段，新菜品就不可能出现在市场中。

新菜品试制是为实现菜品供应的一种准备或实验性的工作，因而无论是烹饪原料、烹饪设施的准备，还是烹调工艺的组织、菜品的上桌服务，都要考虑实际操作的可能性。否则，新菜品试制出来了，也只能成为样品、展品，只会延误餐饮店的菜品开发。同时，新菜品试制也是对设计方案可行性的检验，一定要避免设计是一回事，而试制出来的菜品又是另一回事，不然就会与新菜品研发的目标背道而驰，导致最终的失败。

在试制过程中，要注意实现在菜品外形、口感方面和营养质量的突破，给消费者以全新的菜品形象，使其有一种全新的感观感受。

1. 外形设计

菜品外形的研发与创新要在市场调研的基础上，在菜品的形、配比、量、色等方面下功夫，根据菜品目标市场的要求，对菜品外形有所突破，确定最合适的外观形式，在菜品造型上吸引消费者。在这一过程中，要注意图15-6所示的两点。

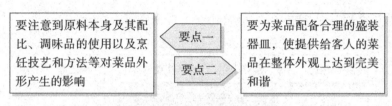

图 15-6　菜品外形试制的注意要点

2. 口感设计

菜品口感的研发与创新依然是通过以上所提的各种途径，使消费者对菜品在嗅觉和味觉上有一种新的独特的感受。每一种菜肴新品都会有异于已有菜肴的风味和特色，体现在口感上的不同就是其中十分重要的一个方面，而且由于菜品的口感是吸引消费者的一个要点，因此在对菜肴新品进行研发时同样要特别关注口感方面的创新。

3. 营养设计

在研发新的菜肴或对已有菜品进行改良时，除了菜品外形及口感之外，菜肴营养质量的研发也不容忽略，即研发人员应充分运用有关质量参数指标（如营养卫生等），提高新研发菜品的质量。伴随着人们生活水平的不断提高，菜肴的营养含量及其构成日益成为消费者选择菜品时考虑的关键要素，也是菜品价值实现过程中的新卖点，在这方面有所突破的餐饮企业会受到一些对健康及营养较为关注的消费者的青睐。

在对菜肴营养进行研发时，研发人员应注意图15-7所示的两个要点。

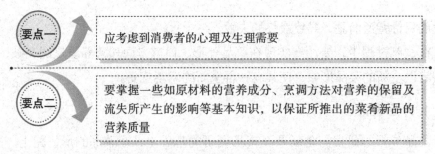

图 15-7　菜肴营养设计的要点

五、新菜品的完善

开发的菜品应从图15-8所示的10个方面来完善。

图 15-8　菜品的试制与完善

1. 菜品名称

菜点名称就如同一个人名、一个企业的名称一样，同样具有很重要的作用。菜品名称取得是否合理、贴切、名实相符，是给人留下的第一印象。因此在为创新菜点取名时，要取一个既能反映菜品特点，又能具有某种意义的菜名，不是一件简单的事情。创新菜点命名的总体要求如图15-9所示。

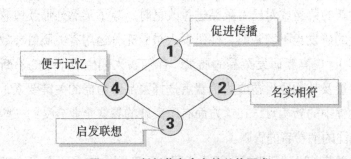

图 15-9　创新菜点命名的总体要求

2. 营养卫生

创新菜点要做到食物原料之间的搭配合理，在配置、成菜过程中符合营养原则，在加工和成菜中始终要保持清洁，包括原料处理是否干净，盛菜器皿、菜点是否卫生等。

3. 外观色泽

外观色泽是指创新菜点显示的颜色和光泽，它可包括自然、配色、汤色、原料色等。菜点色泽是否悦目、和谐，是菜点成功与否的重要指标。

菜点的色泽可以使人们产生某些奇特的感觉，是通过视觉心理作用产生的，因此菜点的色彩与人的食欲、情绪等方面，存在着一定的内在联系。一盘菜点色彩配置和谐得体，可以产生诱人的食欲；若乱加配伍，没有规律和章法，则会使人产生厌恶之感。

热菜的色指主、配、调料通过烹调显示出来的色泽，主料、配料、调料、汤汁等相互之间的配色要色彩明快、自然、美观。面点的颜色需符合成品本身应有的颜色，应具有洁白、金黄、透明等色泽，要求色调匀称、自然、美观。

4. 嗅之香气

香气是指菜点所显示的火候运用与锅气香味，是不可忽视的一个因素。美好的香气，可产生巨大的诱惑力。

比如，有诗形容福建名菜"佛跳墙"，是"坛启荤香飘四邻，佛闻弃禅跳墙来"。

创新菜点对香气的要求不能忽视，嗅觉所感受的气味，会影响人们的饮食心理和食欲。因此嗅之香气是辨别食物、认识食物的又一主观条件。

5. 品味感觉

味感是指菜点所显示的滋味，包括菜点原料味、芡汁味、佐汁味等。味道的好坏，是人们评价创新菜点的最重要的标准。

（1）创新热菜的味，要求调味适当、口味纯正、主味突出，无邪味、煳味和腥膻味，不能过分口咸、口轻，也不能过量使用味精以致失去原料的本质原味。

（2）创新面点的味，要求调味适当，口味鲜美，符合成品本身应具有的咸、甜、鲜、香等口味特点，不能过分口重或口轻而影响面点本身的特色。

6. 成品造型

造型包括原料的刀工规格（如大小、厚薄、长短、粗细等）、菜点装盘造型等，即成熟后的外表形态。

中国烹调技艺精湛，花样品种繁多，在充分利用鲜活原料和特色原料的基础上，包卷、捆扎、扣制、茸塑、裱绘、镶嵌、捏挤、拼摆、模塑、刀工美化等造型方法的运用，构成了一盘盘千姿百态的"厨艺杰作"。创新菜点的造型风格如何，的确会让人在视觉审美中先入为主，是值得去推敲和完善的。

对于菜点的造型要求如图15-10所示。

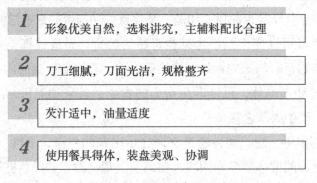

1　形象优美自然，选料讲究，主辅料配比合理

2　刀工细腻，刀面光洁，规格整齐

3　芡汁适中，油量适度

4　使用餐具得体，装盘美观、协调

图15-10　菜点造型的要求

菜品可以适当装饰，但不得搞花架子，喧宾夺主，因摆盘而影响菜肴的质量。凡是装饰品，尽量要做到可以吃（如黄瓜、萝卜、香菜、生菜等），特殊装饰品要与菜品协调一致，并符合卫生要求，装饰时生、熟要分开，其汁水不能影响主菜。

面点的造型要求大小一致，形象优美，层次与花纹清晰，装盘美观。为了陪衬面点，可以适当运用具有食用价值的、构思合理的少量点缀物，反对过分装饰，主副颠倒。

7. 菜品质感

质感是指菜品所显示的质地，是指菜点的成熟度、爽滑度、脆嫩度、酥软度等，它是菜点进入口腔后引起的口感，如软或硬、老或嫩、酥或脆、滑或润、松或糯、绵或黏、柔或韧等。

菜点进入口腔中产生物理的、温度的刺激所引起的口腔感觉，是创新菜品所要推敲的。尽管各地区人们对菜品的评判有异，但总体要求如图15-11所示，使人们在咀嚼品尝时，产生可口舒适之感。

不同的菜点产生不同的质感，要求火候掌握得当，每一道菜点都要符合各

图 15-11 菜品质感要求

自应具有的质地特点。除特殊情况外，蔬菜一般要求爽口无生味；鱼、肉类要求断生，无邪味，不能由于火候掌握不当，造成过火或欠火；面点要求火候适宜，符合该面点应有的质地特点。

 小提示 ▶▶▶

> 创造"质感之美"，需要从食品原料、加工、熟制等全过程中精心安排，合理操作，并要具备一定的制作技艺，才能达到预期的目的和要求。

8. 分量把握

菜点制成后，看一看菜点原料构成的数量，包括菜点主配料的搭配比例与数量、料头与芡汁的多寡等。原料过多，整个盘面臃肿、不清爽；原料不足，或个数较少，整个盘面干瘪，有欺骗顾客之嫌。

9. 盘饰包装

创新菜研制以后需要适当的盘饰美化，这种包装美化，不是像一般的商品那样去精心美化和保护产品。菜品的包装盘饰，最终目的在于方便消费者，引发人们的注意，诱人食欲，从而尽快使菜点实现其价值。

所以需要对创新菜点进行必要的、简单明了的、恰如其分的装饰，其要求如图15-12所示。

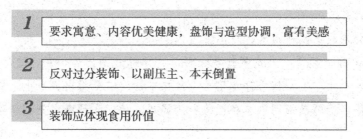

1 要求寓意、内容优美健康，盘饰与造型协调，富有美感

2 反对过分装饰、以副压主、本末倒置

3 装饰应体现食用价值

图 15-12 菜点装饰的要求

10. 市场试销

新菜品研制以后，就需要投入市场，及时了解客人的反映。市场试销就是指将开发出的新菜品投入某个餐厅进行销售，以观察菜品的市场反映，通过餐厅的试销得到反馈信息，供制作者参考、分析和不断完善。

赞扬固然可以增强管理者与制作者的信心，批评更能帮助制作者克服缺点。对就餐顾客的评价信息需进行收集整理，好的意见可加以保留，不好的方面再加以修改，以期达到更加完美的效果。

 相关链接 ▶▶▶

菜品创新的规律

就像任何事物都要遵循一定规律一样，在菜品创新上也不例外，不讲原则地乱创新，忽略菜品创新的发展规律是如何都行不通的。

创新菜可以是原料上的创新，不同的原料配搭在一起，比如新原料与传统原料相结合、新原料与新原料相结合，或是不同的原料组合在一起，都可以说是一种创新；再有就是口味创新，相同的原料换成不同方法去做，就可以说是口味上的一种创新；还有包括刀工技法的创新、盘式的创新、烹调方法的创新等。以下介绍15条菜品创新的规律。

1. 必须要有扎实的基本功

基本功是创新菜品的最基本也是最重要的环节。必须将基本功纯属掌握，刀工、刀法以及火候的掌握必须做到娴熟于心。刀工、各种刀法自不必说，就火候的掌握来说，就需要花大功夫来研究它。所谓的火候，就是在烹调操作过程中所用的火力大小和时间长短，只有运用得恰到好处，才能烹制出美味菜肴，才能被食客接受，也只有掌握了这些规律，才能将食材运用自如、变化自如。

2. 必须明晰各种调味料的属性

无论哪个菜系，无论哪些调味料，大体都逃不出苦、辣、酸、甜、麻、咸、鲜这七味，但如何合理运用这七种味道，使其升腾出成百上千的不同滋味，就需要厨师必须明晰各种调味料的属性，如何合理配搭是创新菜的关键点之一。

就像作曲家，能用七个音符谱写出无穷无尽悠扬悦耳的乐曲，同时在形式上也多种多样，有摇滚，有流行，有民歌，有美声等，但无论是哪类乐曲，都是那七个音符配搭而成的。同样，厨师用苦、辣、酸、甜、麻、咸、鲜这七种基本的味道，完全也可以将菜品的味觉烹制得千变万化，多种多样。

现在，全国各地的调味品和风味味型诸多，加之外国引进的一些特色味型和调味品的应用，足够我们去开拓、创制和运用。假如在原有菜点中就口味味型和调味品的变化方面深入思考，更换个别味料，或者变换一下味型，就会产生一种与众不同的风格菜品。只要我们敢于变化，大胆设想，就能产生新、奇、特的风味特色菜品。

3.不能违背本地区大多数人的口味与饮食习惯

这一点毋庸置疑。创新菜无论怎么创，如果偏离了本地区大多数人的饮食习惯，那绝对是行不通的。

比如粤菜创新，要首先得到本地区人们的广泛认可后，再发扬推广到全国，不能说在粤语地区做出来的菜品，大部分东北人都爱吃，而粤语地区的人群却不感兴趣，那样的话，也就偏离了菜系本身了。

4.尊重传统但不迷信传统

这也是创新菜需要遵循的一大原则。尊重传统，就是要让传统的东西为现代服务；不迷信传统，就是说传统的有些烹饪手段或者手法，现在看来相对是不科学的，就需要我们将其摒弃。

5.将传统的烹饪方法与现代科技相结合

这一点非常考验一名厨师的应变能力与接受新事物的能力，同时这也可以说是创新菜的一个捷径。

随着科技的发展，现代的一些新式厨具、设备层出不穷，掌握他们的使用方法与技巧，对创新菜无疑是一种简单的飞跃。即便是用传统的烹饪手法，用这些新式厨具、设备烹制出来，都可以说是一种创新。

6.学会合理借鉴与整合

借鉴与整合，可以说是菜品创新的一个手段，这一点在粤菜里的体现尤为明显。

粤菜里许多种被大众认可的创新菜，都有借鉴的成分在里面。借鉴其他菜系甚至是西餐的菜式，再辅以粤菜地区特有的食材进行烹制，衍生出所谓的新派粤菜，可以说是粤菜创新菜得以不断推出且被认可的一大法宝。其他菜系亦可以如此借鉴、整合，不仅是原材料，亦包括烹调技法等诸多方面。

7.菜点结合或将成为趋势

所谓的菜点结合，是菜肴、点心在加工制作过程中，将菜、点有机组合在一起成为一盘合二为一的菜肴。这种菜肴和点心结合的方法，成菜时菜点交融，食用时一举两得，既尝了菜，又吃了点心；既有菜之味，又有点之香。

8.要更加符合制作简洁、上菜迅速的要求

作为食客，有两个最头疼的事情，一个是上菜慢，一个是口味不能保持一致，其实这也是餐饮企业经营者最头疼的事情。那么，在创新菜品时，我们就要尽可能地将上菜快、口味如何保持一致这些因素考虑进去。

比如是不是可以研制一种汁酱，原料滑油或飞水后，用汁酱一裹，勾芡后即可出菜的菜式等。

9.要懂得膳食平衡与营养调配

吃饱、吃好目前已不能满足食客的需求了，吃出健康来，才是现代饮食的极致，这无疑需要厨师在熟练掌握烹调手法的前提下，对膳食平衡与营养调配方面的知识也要基本掌握。在创新菜品时要充分将健康因素考虑进去，这样食客才会"买账"。

由此，回避合成食品原料，多开发利用绿色食品，将是创新菜的一大方向。

10.创新菜的灵感往往在"诗外"

除了专业，如果有时间，厨师们应该多涉及一些其他领域的知识，是激发菜品创新灵感的一大源泉。比如了解时政、阅读、旅游、与同行交流等，就是菜品创新的其他有效途径。

就拿金融危机来说，厨师们不可能有前瞻性，但事情发生后的应变能力却是我们应该有的，这种应变能力最直接的就应该体现在菜品创新上。人们钱袋都捂得紧了，纯粹的鲍鱼、鱼翅的点击率肯定下降，那么这些精细原

料与大众原料是不是能合理配搭，如何搭配，在保持精细原料味道不变的前提下，加入一些大众原料，减少精细原料的数量，使成本降低，菜价相应下降，或许就能赢得食客的广泛青睐。

11.盘饰上的创新必不可少

色、香、味、形、质、器，尽管一道终极美味的六要素，形和器被摆在了最后说，但不能不承认，这两点却是烘托整个菜式最关键，也是菜品是否诱人不可或缺的要素。雕花和简单的花草装饰貌似已经不能满足日益多元化的菜式需求了，那么如何创新，很大的一个方面就是要在餐具器皿上多下些功夫。

菜品配置的餐具器皿就其风格来说，有古典的、现代的、传统的、乡村的、西洋的等多种，不同材质的餐具，如陶瓷、玻璃、不锈钢、竹木、菱等多种并用，形态各异。未来食器的发展，还有待于我们不断地去努力、去设计、去制作。

自己设计、定制出品菜肴的器皿，或许将来会是大势所趋。同样的一道菜，用新颖、奇特却适合的器皿装扮，绝对能给食客以眼前一亮的感觉。

12.要全面考虑到宴会的特殊要求

不可否认，创新菜式有很多是需要在宴会中试点后，再进行推广的。

那么，在创新菜的同时，就需要厨师按照宴会的主题要求、规格要求、礼仪要求来进行设计创作。而且还要考虑到菜点的艺术价值，更要考虑到菜点的适应性。如烹饪原料的适应性（民族特色）、饮食习惯的适应性（东西方的饮食差异）等。

13.亦要符合经济实惠的大众化要求

创新菜的推出，要有生命力，还必须要坚持以大众化原料为基础，通过各种技法的加工、切配、调制，做出独特的新品菜。一道美味佳肴，只有为大多数消费者所接受，才能有所发展，才能得到广泛推广。

创新菜的推广，更要立足于一般易取原料，价廉物美，广大老百姓能够接受，其影响力也就十分深远。

14.食用性要永远摆在第一位

作为创新菜，首先应具有食用的特性，只有能使食客感觉好吃，而且感到越吃越想吃的菜，才有生命力。不能说一味追求盘饰，或是一味追求新食材，而忽略可食本身。一盘菜上来，半盘菜不能吃，纯装饰，倒是好看，想来客人下次绝不会再点了，要好看直接买鲜花了。

不论什么菜，从选料、配伍到烹制的整个过程，都要考虑做好后的可食性程度，以适应顾客的口味为宗旨。创新菜的原料并不讲究高档、珍贵，烹制工艺过程也不追求复杂、烦琐，而需要的是在食用性强的前提下做到物美、味美。

15.要有利原料综合开发和充分应用

开源节流、杜绝浪费，是厨房里的老生常谈，但也是亘古不变的真理。在创新菜品上，厨师应尽可能地考虑成本因素，创新既要根据原料性状、营养、功能开发菜点，而且还要把传统烹饪习惯上的废弃原料（边角余料）充分利用，发挥原料应有的作用，从而达到既充分利用资源，又保护生态环境和有益于顾客身体健康的要求。要充分利用原料的主、辅、调之间的标准合理搭配，来降低成本，使销售价格控制在最低限度，以达到吸引更多食客的目的。

六、新菜品的试销

新菜品试制成功以后，就需要投入市场，及时了解客人的反映。

经过试销反映良好的菜品，就可以正式生产和投放市场；试销中情况不大令人满意的菜品，达不到预定的市场销售目标就要及时撤退，以免造成更大的损失。当然，并不是所有新菜品都要经过试销阶段，国外有些企业为了减少新菜品的试销费用、避免试销泄露情报以战胜竞争者，采取了加速新菜品开发、越过试销阶段的策略，把力量集中于菜品的概念试销和样品试验等阶段。

七、新菜品的正式上市

正式上市即将在试销阶段比较受顾客欢迎的菜肴产品正式列入菜单之中，向外销售。创新菜肴上市后应加强跟踪管理，观察统计新菜品的销售情况，通过不同渠道搜集信息和资料，根据销售态势及反馈的信息，分析存在的问题，不断完善新菜品。此时，餐饮店亦可开始为下一批新菜品的开发而筹划。

 小提示 ▶▶▶

创新菜肴的研发是由一系列的活动组成的一个完整的过程，餐饮店一定要重视每一环节的不同作用，在各个环节的保障下，争取顺利完成菜品的研发创新活动。

第十六章
严格保证菜品质量

厨房的出品质量，是整个餐厅赖以生存的基础，菜品质量不稳定是经营失败的一大原因。所以，菜品质量就是餐饮企业的生命线。

一、制定控制标准

制定标准，可统一生产规格，保证产品的标准化和规格化，从而保证菜品的质量。

1.标准菜谱

标准菜谱是以菜谱的形式，列出用料配方，规定制作程序，明确装盘形式和盛器规格，指明菜肴的质量标准，及每份菜肴的可用餐人数、成本、毛利率和售价。

标准菜谱的要求如图16-1所示。

要求一	形式和叙述简单易懂，便于阅读
要求二	原料名称确切，如醋应注明是白醋、香醋还是陈醋，原料多少要准确，易于操作，按使用顺序排列，说明因季节供应的原因需用替代品的配料
要求三	叙述用词准确，使用熟悉的术语，不熟悉或不普遍的术语应作详细说明

要求四	由于烹调的温度和时间对产品质量有直接的影响，制定标准菜谱应详细标明操作时的加热温度范围和时间范围，以及制作中产品应达到的标准
要求五	列出所用餐具的大小和规格，因为它也是影响烹饪产品成败的一个因素
要求六	说明产品的质量标准和上菜方式，言简意赅
要求七	任何影响质量的制作过程都要明确规范流程

图 16-1　标准菜谱的要求

2. 标量菜单

标量菜单是一种简单易行的控制工具，它是在菜单的菜名下面，分别列出每个菜肴的用料配方，用它来作厨房备料、配份和烹调的依据。在使用标量菜单进行控制时，需另外制定加工规格来控制加工过程的生产，不然原料在加工过程中仍然有可能被浪费。

3. 生产规格

生产规格是指加工、配份、烹调等三个流程的产品制作标准，具体如图16-2所示。

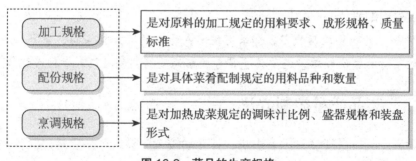

图 16-2　菜品的生产规格

小提示 ▶▶▶

以上每一种规格就成为每个流程的工作标准，餐饮店可用文字制成表格，张贴在工作处随时对照执行，使每个参与制作的员工都明了自己的工作标准。

4. 其他形式

另外，还有各种形式的生产控制工具，如制备方法卡、制作程序卡、配份规格、分菜标准配方卡等。

二、质量检查与质量监督

1. 强化"内部顾客"意识

"内部顾客"意识，即是员工与员工之间是客户关系，每下一个生产岗位就是上一个生产岗位的客户，或者说是每上一个生产岗位就是下一个生产岗位的供应商。

比如，初加工厨师所加工的原料如果不符合规定的质量标准，那么切配岗位的厨师不会接受，其他岗位之间可以依此类推。

 小提示 ▶▶▶

采用这种方法，可以有效控制每一个生产环节，将不合格"产品"消除，从而保证菜品的质量。

2. 建立质量经济责任制

将菜品质量的好坏、优劣与厨师的报酬直接联系在一起，以加强厨师菜品加工过程中的责任心。

比如，有的餐饮店规定，如果有被客人退回的不合格菜品，当事人不但要按照该菜肴的销价埋单，还要接受等量款额的处罚，并且记入考核成绩。

三、菜品质量控制方法

厨房产品质量受多种因素影响，其变动较大。餐饮产品要想确保各类出品质量的稳定和可靠，就要采取各种措施和有效的控制方法来保证厨房产品品质符合要求。

1. 阶段控制法

（1）原料阶段控制。菜点质量原料阶段控制可从表16-1所示的3个方面来进行。

表16-1　菜点质量原料阶段的控制措施

序号	阶段	具体措施
1	原料采购	要确保购进原料能最大限度地发挥其应有作用，使加工生产变得方便快捷；没有制定采购规格标准的一般原料，也应以保证菜品质量、按菜品的制作要求以及方便生产为前提，选购规格分量相当、质量上乘的原料，不得乱购残次品
2	原料验收	验收各类原料，要严格依据采购规格标准进行，对没有规定规格标准的采购原料或新上市的品种，对其质量把握不清楚的，要认真检查，从而保证验收质量
3	原料储存	严格区分原料性质，进行分类储藏；加强对储藏原料的食用周期检查，杜绝过期原料再加工现象；同时，应加强对储存再制原料的管理，如泡菜、泡辣椒等，如这类原料需要量大，必须派专人负责；厨房已领用的原料，也要加强检查，确保其质量可靠和卫生安全

（2）生产阶段控制。菜点质量生产阶段主要应控制申领原料的数量和质量，及菜点加工、配份和烹调的质量，具体如表16-2所示。

表16-2　菜点质量生产阶段的控制措施

序号	阶段	具体内容
1	加工	（1）严格计划领料，并检查各类原料的质量，确认符合要求才可加工生产 （2）对各类原料的加工和切割，一定要根据烹调的需要，制定原料加工规格标准，保证加工质量 （3）对各类浆、糊的调制建立标准，避免因人而异的盲目操作
2	配份	（1）准备一定数量的配菜小料即料头；对大量使用的菜肴主、配料的控制，则要求配份人员严格按菜肴配份标准，称量取用各类原料，以保证菜肴风味 （2）随着菜肴的翻新和菜肴成本的变化，及时调整用量，修订配份标准，并督导执行
3	烹调	（1）开餐经营前，将经常使用的主要味型的调味汁，批量集中兑制，以便开餐烹调时各炉头随时取用，以减少因人而异时常出的偏差，保证出品口味质量的一致性 （2）根据经营情况确定常用的主要味汁，并制定定量使用标准

（3）消费阶段控制。菜点质量消费阶段控制可从表16-3所示的两个方面进行。

表16-3　菜点质量消费阶段的控制措施

序号	阶段	具体内容
1	备餐	备餐要为菜肴配齐相应的佐料、食用和卫生器具及用品；一道菜肴配一到两个味碟，一般由厨房自行按每个人头配制；对备餐也应建立相应规定和标准，督导服务，方便顾客
2	上菜	服务员上菜服务，要及时规范，主动报菜名；对食用方法独特的菜肴，应向客人作适当介绍或提示

2. 岗位职责控制法

利用岗位分工，强化岗位职能，并施以检查督促，对厨房产品的质量也会有较好的控制效果。具体控制措施如表16-4所示。

表16-4　菜点质量岗位职责控制法

序号	控制方法	具体措施
1	所有工作均应落实	（1）厨房所有工作应明确划分，合理安排，毫无遗漏地分配至各加工生产岗位 （2）厨房各岗位应强调分工协作，每个岗位所承担的工作任务应该是本岗位比较便利完成的，厨房岗位职责明确后，要强化各司其职、各尽其能的意识 （3）员工在各自的岗位上保质保量及时完成各项任务，其菜品质量控制便有了保障
2	岗位责任应有主次	（1）将一些价格昂贵、原料高档，或针对高规格、重要身份顾客的菜肴的制作，以及技术难度较大的工作列入头炉、头砧等重要岗位职责内容，在充分发挥厨师技术潜能的同时，进一步明确责任 （2）对厨房菜肴口味，以及对生产面上构成较大影响的工作，也应按规定让各工种的重要岗位完成，如配兑调味汁、调制点心馅料、涨发高档干货原料等 （3）员工要认真对待每一项工作，主动接受督导，积极配合、协助完成厨房生产的各项任务

3. 重点控制法

菜点质量重点控制法是指对重点岗位和环节、重点客情和任务、重大活动的控制，具体措施如表16-5所示。

表16-5 菜点质量重点控制法

序号	控制点	具体措施
1	重点岗位、环节控制	（1）对厨房生产运转进行全面细致的检查和考核 （2）对厨房生产和菜点质量的检查，可采取餐厅自查的方式、凭借顾客意见征求表或向就餐顾客征询意见等方法 （3）聘请有关专家、同行检查，进而通过分析，找出影响菜品质量问题的主要症结所在，并对此加以重点控制，改进工作，从而提高菜品质量
2	重点客情、重要任务控制	（1）从菜单制定开始就要有针对性，就要强调有针对性地在原料的选用到菜点的出品的全过程中，重点注意全过程的安全、卫生和质量控制 （2）餐饮店要加强每个岗位环节的生产督导和质量检查控制，尽可能安排技术好、心理素质好的厨师为其制作 （3）对于每一道菜点，尽可能做到设计构思新颖独特，安排专人跟踪负责，切不可与其他菜点交叉混放，以确保制作和出品万无一失 （4）在客人用餐后，还应主动征询意见，积累资料，以方便今后的工作
3	重大活动控制	（1）从菜单制定着手，充分考虑各种因素，开列一份（或若干）具有一定特色风味的菜单 （2）精心组织以及合理使用各种原料，适当调整安排厨房人手，计划使用时间和厨房设备，妥善及时地提供各类出品 （3）厨房生产管理人员、主要技术骨干均应亲临第一线，从事主要岗位的烹饪制作，严格把好各阶段产品质量关 （4）有重大活动时，前后台配合十分重要，走菜与停菜要随时沟通，有效掌握出品节奏 （5）厨房内应由餐厅指挥负责，统一调度，确保出品次序 （6）重大活动期间，加强厨房内的安全、卫生控制检查，防止意外事故发生

四、有效控制异物的混入

客人在进餐时，偶尔会在菜品中发现异物，这属于严重的菜点质量问题。菜肴中异物的混入往往给就餐的客人带来极大的不满，甚至会向餐饮店提出强烈的投诉，如果处理不当，就会严重影响门店的形象和声誉。

1. 常见的异物种类

常见的异物主要有以下9类。

（1）金属类异物：清洁丝、螺丝钉、书钉等。

（2）头发、纸屑、烟蒂等。

（3）毛发、动物毛。

（4）布条、线头、胶布、创可贴。

（5）杂草、木屑、竹刷棍等。

（6）碎玻璃渣、瓷片。

（7）骨头渣、鱼骨刺、鱼鳞。

（8）砂粒、石渣、泥土等。

（9）小型动物：苍蝇、蚊虫、飞虫、蜘蛛。

2. 控制异物的措施

菜品中混入杂物、异物，会造成菜品被有害物质污染。尽管有的异物可能不等于有害细菌，但客人是反感的；有些异物在进餐中如果不小心的话，可能给客人造成直接肉体伤害，如碎玻璃渣、钢丝钉等。因此，餐饮店应采取图16-3所示的有效控制措施，避免菜品中混入杂物、异物。

图16-3　控制菜品中混入杂物、异物的措施

（1）提高全体人员卫生质量意识。提高全体人员卫生质量意识，是指强化菜品加工人员、传菜人员、服务人员（分餐人员）的个人卫生的管理，具体措施如图16-4所示。

措施一	所有与菜品接触的员工必须留短发，男员工不许留胡子
措施二	厨房员工上班必须戴帽子，服务人员喷发胶等预防措施，避免头发落入菜中
措施三	严格执行作业时的操作规程和卫生标准
措施四	原料初加工的过程，必须将杂物剔除干净，尤其是蔬菜类的拣选加工
措施五	切割好的原料放置在专用盒中，并加盖防护，避免落入异物
措施六	抹布的使用要特别注意，避免线头等混入菜料中
措施七	传菜过程中必须加盖
措施八	使用清洁丝洗涤器皿时，一定要认真仔细，避免有断下的钢丝混入菜中
措施九	后勤人员保养维护烹饪设备时要严禁将螺丝钉、电线头、玻璃碴等乱扔乱放

图 16-4　提高全体人员卫生质量意识的措施

（2）加强对厨房、餐饮店废弃物的管理。加强对厨房、餐饮店内废弃物的管理，严禁员工随地乱扔、乱放、乱丢废弃不使用的零散物品、下脚料及废弃物等，也是防止异物、杂物混入菜品的卫生管理的重要内容之一。具体措施如图16-5所示。

措施一	所有废弃物必须使用专门设备存放，并且要加盖防护
措施二	有专人按时对垃圾桶进行清理
措施三	餐饮店内应设专门的隐藏式废弃物桶，严禁服务人员将废纸巾、牙签、烟头等乱扔乱倒，尤其要禁止将餐饮店内的废物与餐饮具混放在一起

图 16-5　加强对厨房、餐厅废弃物的管理措施

（3）加强对菜品卫生质量的监督检查。平常菜品中的异物都是由于对菜品的加工、传递过程中缺少严格的监督与检查造成的。因此必须加强各个环节对菜品卫生质量的监督与检查，具体措施如图16-6所示。

措施一	建立专门的质检部门，并设专职的菜品卫生质量检查员
措施二	从初加工、切配、打荷、烹制、划菜、传菜、上菜、分餐等环节的岗位员工，必须对原料或菜品成品认真检查，杜绝一切可能混入菜品中的杂物
措施三	每下一工序或环节对上一工序或环节的卫生质量进行监督，发现卫生问题，立即退回重新加工处理
措施四	实行卫生质量经济责任制，对菜品中发现的异物、杂物的混入事件进行严肃处理与处罚，以引起全体员工的重视

图 16-6　加强对菜品卫生质量监督检查的措施

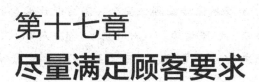

第十七章
尽量满足顾客要求

餐厅对于客人提出的合理要求应尽量满足，以提升顾客的满意度。

一、客人要求自己加工食品

如果客人在就餐的过程中要求自己加工食品，服务员应根据具体情况及餐厅相关规定酌情处理。

案例

在一个炎热的晚上，某粤菜餐厅里来了六男一女。点好菜后，他们便开始"围攻"那个坐在女孩身边的男人，吵闹着要他讲讲将女孩追到手的事。那个男人拗不过大家，只好看着低头窃笑的女孩讲了起来。讲到后面，那个男人更骄傲地向大家说："小洁不仅年轻、漂亮，还会烧一手好菜呢，最拿手的就是酿豆腐，那个香呀，想想都流口水。"男人停下来，看了一下大家，故意叹息说："唉！可惜你们尝不到呀。"听他这么一说，大家都露出了失望的神情。

突然，其中一个男人大声提议道："让小洁现在就给我们做酿豆腐如何？"一句话点醒了大家。"好啊，好啊。"大家一致赞同。那个男人看看身边的女孩，还是一个劲地笑，没有反对的意思。刚才负责点菜的那位见状，马上招手叫服务员过来。"小姐，我们这位小洁小姐可是位做菜的能手，现在想借用一下你们的厨房，麻烦你带她去一下，好吗？"服务员一听，犯难了，之前从没有客人提出过这样的要求。要是让客人进厨房自己做菜，我们的厨师岂不是要失业？再说，厨房不像楼面那么安全，怎么能让客人进去呢？客人见服务员站在那里皱眉，便不耐烦了，对她说："你要是做不了主就让经理来吧，别站在这里像木头一样。"见客人不高兴，服务员赶紧跑去找来了经理。

经理过来后，对客人们笑着解释："各位先生的提议真是挺特别的，不过我们餐厅还没开过这样的先例，而且厨房重地，连我们都不能随便进入。况且这位小姐穿着这么讲究、斯文，要是为了炒个菜，把一身漂亮的衣服弄脏，就得不偿失了，小洁小姐，您觉得我说得对吗？"客人们这才注意到小洁今天真的穿了套漂亮的衣服。小洁听到经理这么说，也开始心疼自己的这套新衣服了。这个提议就这么轻而易举地被经理挡了回去。

为了不让客人失望，经理一方面让厨房认真做这桌客人的菜，另一方面让服务员取来两瓶冰冻的啤酒，免费送给那桌客人。年轻人本来就爱喝啤酒，加上天气炎热，看见冰冻的啤酒都非常高兴，纷纷夸奖这位经理会做人。

客人到餐厅吃饭，本来就是品尝菜肴的，如果让客人下厨，势必会扰乱厨房的正常工作程序，也会影响到其他前来就餐的客人。所以，服务员要学会从客人的角度劝说其放弃这个念头。

二、客人自带食品要求加工

有时客人会自带一些食品要求餐厅加工，这也是一件正常的事，餐厅应尽量满足客人的需求。

如果客人所带原料是本餐厅没有的，应接受并予以加工，可收取一定的加工费，不过要注意其原料是否属于保护动物或变质与否，如果属于保护动物原料或变质原料，应予以回绝。如客人自带的是野生菌或野生植物以及不常用食品，可能会造成食物中毒，餐厅必须提前做好预防工作，可以留下样品以备查验。

小提示 ▶▶▶

　　服务员应当着客人的面，鉴定一下客人所带食品的质量，以免加工以后，客人提出食品品质方面的质疑，从而引起不必要的麻烦。同时，餐厅也可以事先同客人签订免责协议。

　　如果客人所带原料在本餐厅厨房已有现货，一般是不予接受的，服务员应婉言回绝，如果客人一再坚持，可以同意，同样需要收取加工费。

三、客人需要代管物品

　　有的客人在餐厅用餐时，会把没有吃完的食品或酒水请服务员代为保管。遇到这种情况，服务员应注意处理好，不要引起客人的误会。

　　服务员一般可采用下列3种办法解决这个问题。

　　（1）耐心地向客人解释，说明食品与酒水关系到健康问题，为了防止意外，对客人负责，餐厅规定一般不宜替客人保管物品。

　　（2）服务员可以主动替客人打包，请客人带走。如果客人要去办其他的事，要求临时将食品存放一段时间，办完事后再来取，服务员可以请示领导，得到批准后为客人代存。

　　（3）客人要求保存剩下的酒水，餐厅应根据酒的种类和客人的具体情况酌情处理。

　　从经营的角度来说，客人在餐厅里存放酒品，说明对该餐厅感兴趣，对餐厅的菜点和服务都很满意，有常来的意思，这也表示出了对餐厅的信任。

 案例

　　有一天，某公司王总在一家高级餐厅宴请客户。看到宴请的客人很重要，王总特地点了50年酒龄的红酒。酒过三巡、菜过五味，转眼三瓶酒即将见底。服务员小丁一看，再拿1瓶肯定喝不完，不拿酒客户又兴致未尽。"有了……"，思考之后，只见她对着耳麦轻轻说了几句。

　　不一会儿，宴会结束了。王总去收银台结账时问服务员小丁："今天我们喝了几瓶酒呀？""3瓶！""不对吧！明明摆着4瓶嘛？""王总，有一瓶是您上次来时存在我们这里的。""哦？！太好了！"

不过，替客人保存物品时，餐厅一定要对客人及其物品负责，保证不出任何问题。只有做好以下各项工作，餐厅才可以获得客人的信任，吸引客人常来，营业额自然也就增加了。

（1）一般葡萄酒类的酒水，开瓶后不宜保存时间过长，假如客人要求餐厅代管剩下的葡萄酒，服务员可以答应，但应提醒客人记住下次用餐时饮用。

（2）如果客人要求保存的是白酒，则放在酒柜里即可，要记得上锁并由专人负责。

（3）为客人代管的酒品，要挂上客人的铭牌，并放在专用的冰箱里，冰箱应有锁，由专人负责保管。

四、客人需要借用充电器

一位客人的手机在用餐过程中没电了，询问服务员餐厅内有没有充电器，我们来看看以下不同的处理方式。

（1）对不起，我们这里没有手机充电器。

（2）对不起，我们这里没有您这种型号的充电器。

（3）对不起，我们这里没有您这种型号的充电器，但是我可以帮您找找看。两分钟后过来告知："对不起，确实没有办法。"

（4）对不起，我们这里没有您这种型号的充电器，但是我可以帮您找找看。结果从同事那儿借到或在最近的商场买来，客人用后，收回备用，不浪费。

可以看出，第四种处理方式体现出了餐厅员工的主动服务意识。

关于充电器这一问题，不同的处理方式会产生不同的结果。有些时候，确实很难完全满足客人的需求，但是可以让其从心理上得到另外一种满足，关键是服务员要有一种为客人着想的意识。

五、客人需要特殊服务

1. 为残疾客人服务

残疾人最忌讳别人用异样的眼光看待他们，所以，作为餐饮服务员，绝不能用怪异的眼光盯着残疾客人，而是要用平等、礼貌、热情、专业的态度服务他们，尽量将他们安排在不受打扰的位置。

（1）盲人客人。盲人客人目不能视物，服务员应给予其方便。具体做法如图17-1所示。

要求一	为其读菜单，给予必要的菜品解释；在交谈时，避免使用带色彩性的词作描述
要求二	每次服务前，先礼貌地提醒一声，以免客人突然的动作使你躲避不及，造成意外发生
要求三	菜品上桌后，要告诉客人什么菜放在哪里，不可帮助客人用手触摸以判断菜品摆放的位置

图17-1　为盲人客人服务的要求

（2）肢体残疾客人。对肢体残疾客人服务时，应注意图17-2所示的事项。

要求一	应将客人安排在角落、墙边等有遮挡面，能够遮挡其残疾部位的座位上
要求二	帮助客人收起代步工具，需要时帮助客人脱掉外衣
要求三	客人需要上洗手间时，要帮助客人坐上残疾车，推到洗手间外，如果需要再进一步服务的，应请与客人同性的服务员继续为其服务

图17-2　为肢体残疾客人服务的注意事项

（3）聋哑客人。对于聋哑客人，服务员要学会用手势示意，要细心地观察揣摩，可以利用手指菜肴的方法征求客人的意见。

（4）为残疾客人服务的注意事项。

——在为残疾人服务时，服务员既要表现出热情、细致、周到的服务，又要适可而止。有的肢体残疾人不愿意让别人把他当成残疾人看待，所以要注意不要在服务过程中热情过度或提及残疾方面的词语，以给予客人一视同仁、平等待人或既温暖又受到尊重的感觉为宜。

案例

有一天，一位脚有残疾、坐着轮椅的客人进餐厅就餐，服务员小彭非常热情地帮助这位客人靠近餐桌，倒茶和点菜。由于这位客人点的菜比较多，开始上的菜可以放在他的手能伸到的地方，后来上的菜离得远些，这位客人夹起来就很困难了。服务员小刘见状，立即上前帮忙夹菜，但这位客人很客气地说要自己夹。小刘认为帮客人是应该的，也没理会客人，还是帮客人把菜夹了过来，客人的脸却一下子就沉了下来："谁要你夹了！"随即很不高兴地立即付账，愤然离去。

——在为残疾人进行结账服务时，服务员要耐心地向他解释账单，有时可以逐项累计菜价，让客人心里明白。残疾人付款时，服务员要告诉他所收的钱数和找付的钱数，一定要让他弄清楚。

——服务员千万不要帮客人从钱包里拿钱，以免造成其他不必要的麻烦，或引起客人的误会猜疑；即便是盲人，也应该让其自己拿钱、自己装钱，盲人可以通过手摸来感觉钱票面额的大小，各种人民币上都印有盲文。

2. 为生病客人服务

对于生病的客人在餐厅就餐时，服务员要细心地为其服务。

（1）及时了解情况。当客人到餐厅后告诉服务员，他因生病需要特殊食品时，服务员要礼貌地问清客人哪里不舒服，需要何种特殊服务并尽量满足客人的需求。如客人表现出身体不适而没有告诉服务员时，服务员应主动询问客人，以便帮助客人。

（2）安排入座。领位员将生病的客人安排在餐厅门口的座位上，以便客人离开餐厅或去洗手间。如客人头痛或心脏不好，则为客人安排在相对安静的座位。

（3）提供特殊服务。积极向客人推荐可口的饭菜，同厨房配合为客人提供稀饭面条一类的食品。如客人需要就医，应向客人介绍附近就医场所。如客人需要服药，则为客人提供白开水，以方便客人服药。

（4）突发病客人服务。如遇突发病客人，服务员须保持冷静，楼面经理应立即通知医务室，同时照顾客人坐在沙发上休息。如客人已经休克则不要搬动客人，同时应安慰其他客人，等候医生的到来，待医生赶到后，协助医生送客人离开餐厅去医院就医。

3.为老年客人服务

如果就餐的客人是老年人，年老体弱，就更需要服务员给予特殊照顾。

若是看到年老的客人独自来用餐，且身边无其他同行的客人，服务员应主动地扶他们就近入座，要选择比较肃静的地方，放好手杖等物；在客人离开前，应主动地把手杖递到他的手中。

在给老年客人上菜时，要注意速度应快一些，不要让其久等，给老人做的饭菜，还要做到烂、软，便于咀嚼。

总之，对于老年客人，服务员应给予更多的细心与关心，更多地奉献责任心与爱心。

 案例

　　王女士和他70多岁的母亲来到餐厅用餐，刚下车，王女士便走到她身旁搀扶着，原来老人的行动不太方便。这一情景被服务员小郑看到了，于是，她快步走出大门，微笑着来到老人面前说道："老奶奶，您慢点，我来搀扶您吧。"到了餐厅的大门口，小郑立即将旋转门的速度放慢，让老人安全地走进了餐厅。

　　进了餐厅小郑还专门为老人安排了一个出入方便的位置，然后微笑着离开了。待王女士及母亲用完餐准备离开的时候，小郑又细心地把老人送出了餐厅，当老人准备上车时，小郑不仅为老人拉开了车门，又将老人的双腿扶进车里帮老人把大衣披好，最后将车门轻轻地关上。小郑这一系列服务使王女士和他的老母亲非常感动，她们连连称赞说："你们的服务太周到了，下次我们还来这儿！"

4.为带孩子客人服务

带小孩的客人来餐厅用餐，服务员要给予更多的关注和照顾，服务员所做的每一点努力，都会得到客人的认可与赞赏。

服务员可以从以下4个方面着手，去照顾带小孩的客人用餐。

（1）保证安全。首先，孩子在餐厅用餐的重中之重，应当是安全。大部分家长和服务人员都觉得孩子来用餐，服务人员领位一般由孩子自己选择坐里面还是外面，但这很有可能会给小朋友的安全带来极大的隐患。

比如，有一对夫妻带着孩子，在一家火锅店吃饭，一名服务员在上锅底时，不小心滑倒，将一整锅的火锅汤底，洒在了坐在过道旁孩子的身上，孩子当场重伤。

所以，服务人员在领位过程中，需要将顾客带到靠墙的、人少的位置，并提醒顾客让孩子坐在靠墙的座位，既不打扰其他顾客用餐，孩子也更安全。

（2）提供儿童餐具。服务人员快速领位后，可以为桌角安装防撞条或保护套，尽快收走桌面多余的餐具和装饰品，以避免小孩子抓刀叉玩受伤，或碰倒碗、碟、调味瓶等，打翻碗碟一来会对餐厅造成损失，二来锋利的瓷器碎片极有可能导致小孩或其他消费者受伤。在服务带小孩消费的顾客时，可向其提供一套特制的儿童餐具，如硅胶或木质材料，避免使用易碎的陶瓷或玻璃，以此减轻小孩父母的看护负担。

（3）提供儿童餐。孩子的注意力很难长时间集中，所以点菜、上菜的速度需要更加照顾，餐厅可为孩子准备儿童营养套餐缩短点菜时间，在儿童套餐的菜谱中尽量避免有骨头、鱼刺的菜品，如顾客点到需酒精炉等持续加热的菜品，应及时提醒并提出更换菜品的建议，避免出现意外。

小提示 ▶▶▶

点菜结束后，可给小朋友赠送小玩具、图画书和零食等，吸引小孩注意力，避免吵闹影响其他客人用餐。

（4）特别关照。儿童食量较成人更小，他们吃好以后，家长若是无暇看护，孩子就很容易脱离家长的控制在餐厅内乱跑。这种情况下会出现许多难以应对的状况，除了影响其他消费者外，还有可能对孩子自身造成威胁。特别是年龄较小的孩子身高大概一米左右，也就是在成人腰部的位置，服务员传菜时，餐盘下面处于视野盲区，是根本看不见的。

因此，店内服务员应更加关注这些四处乱跑的小孩，同时提醒上菜的同事，避免被乱跑中的儿童绊倒。当孩子用餐完毕，服务员可以给孩子提供一些简单的玩具供其玩耍。若是餐厅人手足够的情况下，还可以安排有育儿经验的服务员帮助集中看护儿童，既保证了儿童的安全，又能让家长放心享受美食，提高消费者对餐厅的满意度。

 案例

　　一天，餐厅来了几对带小孩就餐的客人。半小时过后，小孩大约吃得差不多了，几个年纪相仿的小孩便跑到一起玩耍，整个餐厅顿时显得吵闹起来。他们的父母只是提醒一下孩子不要跑来跑去以防摔跤等，就只顾与同来的朋友聊天了。随后又引来更小的小孩，他们在大人的搀扶下，跌跌撞撞地跟着那群孩子进进出出凑热闹。

　　餐厅本来就没有为孩子们设立专门玩耍的地方，仅有不宽的过道和一些摆放物品的位置。小孩子们的冲撞给服务工作带来了很多不便：一是有客人投诉餐厅吵闹，没法安静地享受美食；二是一位老人在行走时差点被撞倒，幸好服务员眼疾手快扶住了客人；三是因为孩子们的冲撞，险些使传菜员将一托盘的菜弄洒；四是在领台员带位时，孩子们会妨碍客人的行走。

　　于是，当务之急就是想办法将这些孩子们送回座位上，并让他们乖乖吃饭。经理首先来到孩子们的父母跟前，礼貌地对他们说："对不起，打搅你们一下可以吗？你们的孩子真的非常活泼、可爱，但在餐厅里来回奔跑，恐怕容易发生意外。为安全起见，可否请他们回座位呢？我们将向孩子们提供一些简单的玩具和图书，您看好吗？"然后又温和地对孩子们说："小朋友，你们好！看到你们玩得那么开心，现在一定累了，对吗？你们想不想看小人书和玩玩具啊？"孩子们一听有书看、有玩具玩都很高兴，全都举手说要书看、要玩具玩。经理马上提议道："好！那就马上回到自己的座位上，看谁最乖，服务员阿姨就将玩具和书送给谁。"再加上一句："看谁回去得快！"话音一落，孩子们马上飞奔到了各自的座位上，乖乖地等着服务员阿姨的到来。孩子们有了新的兴趣，自然能安静下来了。餐厅又恢复了以往的安静。

5. 为急事客人服务

　　当客人提出赶时间，有急事在身时，服务员对其应优先服务。

（1）了解客人情况。领位员了解到客人要赶时间时，应礼貌地问清楚客人能够接受的用餐时间并立即告诉服务员，并将客人安排在靠近餐厅门口的地方，以方便客人离开餐厅。

（2）为客人提供快速服务。待客人就座后立即为客人点菜，推荐制作和服务较为迅速的菜肴，如果客人已预订需等待较长时间的菜，服务员要向客人说明所需时间并询问客人是否能够等待。客人点好菜后，服务员应立即将订单送到厨房，通知传菜部和厨师关于客人的情况及制作服务时限，在客人要求的时间内，快速准确地把菜上齐。在客人的用餐过程中，不断关照客人，及时为客人提供服务。

（3）为客人准备账单。在客人用餐完结之前及时准备账单。在客人结账时对匆忙中服务不周到表示歉意。

案例

　　某餐厅来了一位年轻人，手里拿着沉甸甸的行李箱。一进餐厅，客人就急不可待地说赶时间，要以最快的速度给他上菜。等服务员给他送上餐牌后，他将餐牌翻来翻去，不知点什么菜。领班见状，主动上前向客人了解情况，才知道该名客人是外地来的，一个小时后一定要赶去机场乘飞机。此时客人却不知吃什么食物比较快捷、简单，又不失地方风味。领班马上笑着向客人推荐道："您看这样好不好，先上个卤水拼盘，再来个草菇牛肉和本店的一品锅吧。保证在15分钟内上齐，您看如何？""好，那就快点吧。"

6.为分单客人服务

现在许多人聚餐时喜欢实行AA制，对此，服务员应该有所准备。一般的AA制，餐后先由一人结账，再人均平摊所需费用。这种AA制通常由客人私下自己解决，对餐饮企业的服务工作并无特别要求，但对于各点各的餐、各结各的账的客人，服务员应注意以下事项。

（1）首先从主宾或女宾开始按顺时针方向逐位服务。每写好一份菜单，要注意记录客人的姓氏、性别、特征、座位标志等。

（2）将菜单交给负责上菜的楼面服务员、厨房、收银台、传菜部。

（3）客人需要添加食物或酒水的，在其账单上做好相应的记录。

（4）结账时最好由负责点菜的服务员负责，以减少出错的概率。

　　某餐饮企业来了五位要求分点菜、分付账的客人。服务员为他们写好了菜单，不一会儿，上完菜后，才发现还有一位客人的菜没上，只好让传菜员到厨房催。其他客人的食物都上齐了，那位客人还在不耐烦地等着。催过几次后，厨房传话过来，菜已经全部上齐了。服务员一听傻了，急忙跑去厨房查单，才发现自己工作出了错，令厨房误认为两张同样的点菜单是重了单，所以只做了一份菜。事后，服务员给客人道了半天歉，客人的怒气才渐渐平息下来。

7. 为醉酒客人服务

在餐厅吃饭，经常有一些喝多了的客人，有的趴在桌上酣睡，有的豪情万丈，有的不受控制地高声叫喊，有的甚至发酒疯、摔餐具、骂人、打人。面对这种局面，服务员应该怎样做呢？具体措施如下。

（1）提醒已经喝多了的客人及在座的其他客人，酒喝多了会影响身体健康。

（2）给醉酒客人端来糖水、茶水解酒。餐厅也可备些解酒药，供客人服用。

（3）客人来不及上洗手间呕吐的，服务员不能表现出皱眉、黑脸等容易激怒客人的动作和表情，而是要赶紧清理干净。

（4）建议呕吐的客人吃些面条、稀饭等流食。

（5）如果客人发酒疯，服务员应请在座的其他客人给予劝阻，使其安静下来。

（6）如果客人醉酒打烂了餐具，应准确清点，再让客人照价赔偿。

（7）服务员发现醉酒者出现呼吸困难等紧急状况时，应立刻拨打120求救，或将患者送往医院。

（8）服务员或值班负责人员应将事故及其处理结果记录在工作日志上。

案例

　　有一天，一群人去参加同事的婚宴。席间，很多男士纷纷用白酒围攻新郎。新郎当然是不能喝醉的，于是身边的伴郎挺身而出。刚开始，伴郎还能招架，后来大家轮番上去，借敬酒之名灌那位伴郎，想看看伴郎到底有多大的酒量。新郎见势不妙，想替伴郎挡驾，但又劝不住，只好看着伴郎的脸由红变青，由青变紫。最后，伴郎被众人灌醉，见人就骂，还差点跟上来劝酒的人打起来，要不是被其他兄弟强拉住，不知要闹出什么乱子来。女客们一见这阵势吓得纷纷退席，许多男客也不得不陪着同来的家人、朋友一同提前离开。好好的一个婚宴，被酒弄得不欢而散。

　　（9）有的客人是因为有了不愉快的事情而喝闷酒，服务员同样要温和、婉转地劝其少喝些，并可以适当地与客人交谈几句，说一些宽心和安慰的话。但千万不要谈得太具体、太深入。

第十八章
实现智能化服务

在人力成本逐渐攀高的时代，随着AI技术的发展，机器人在餐饮、商场、酒店等场景开始占据一席之地，帮助完成最基本的重复性的工作，解放员工的双腿，使之有精力去做更多与顾客互动体验的服务。

一、餐饮机器人的类型

目前，餐厅机器人主要有迎宾机器人、点餐机器人、送餐机器人等。迎宾机器人能够实现智能迎宾、餐厅气氛音乐播放；点餐机器人能够实现智能语音自助点餐，并语音推荐特色菜，根据顾客需求点餐，云同步到厨房显示器；传菜机器人能够实现智能送餐到顾客所在餐位、回收餐具等功能。

二、热情礼貌的迎宾服务

迎宾机器人在门口感应到有人进来后，会主动向顾客问好，还会主动介绍该餐厅的特色和亮点，从而起到烘托氛围的作用。如图18-1所示。

比如，PEANUT引领机器人在餐厅大堂接待食客后，会立即转身，方便食客在其UI广告屏选择就餐区（包厢、桌号），待顾客选择完毕，立即引领顾客前往目的

图 18-1　迎宾机器人

地。万一碰到有人挡道，它还会说"对不起，请让一让，我在工作"。到达目的地后，它会停下来通过语音提醒，然后按照规定的路线返回至home点。

三、精准流畅的送餐服务

具备超强功能性的传菜机器人，能根据工作人员设置好的送餐路线和指定位置，来进行准确送餐并播放用户所喜欢的音乐，还会与顾客进行问答交流，提高送餐准确率的同时也能让顾客更加舒适愉快地用餐。如图18-2所示。

图18-2　送餐机器人

比如，擎朗智能机器人可以根据桌号进行传菜，每次能传一桌菜（或同时为多个餐桌送餐），一趟相当于服务员跑两三趟。一分钟，它能完成一个来回的服务。选好桌号，轻轻一点，机器人便能准确地将菜肴送到固定的桌位上，等菜肴被端上餐桌后，服务员只需轻轻抚摸一下机器人的头部位置，机器人便能自主回到原地等待再次送餐任务发起。送餐过程变得更加有条不紊，机器人自主避障系统避免了汤汁洒出、高峰期碰撞的发生，基本上能够做到零失误。

四、体验舒适的包厢服务

在包厢中待客是习以为常的事情，但是每次需要服务的时候，都要等服务员进来以后再次沟通才知道需要什么服务，这对于顾客的体验极其不佳，也增加了时间跟人工成本。引入餐厅机器人以后，每个包厢只需要一个机器人，当客人需要服务的时候，给机器人明确下达指令，服务员接到指令直接把需要的东西送到包厢，这样给顾客的感觉更加舒服。

 小提示 ▶▶▶

餐饮业的升级已经迫在眉睫，通过人机搭档，可大幅提高工作效率，打造服务特色，提升服务水平，吸引更多新顾客，提高老顾客回店率。

第十九章
提供人性化服务

随着人们生活水平的日益提高，现在顾客对餐饮服务的需求已不仅仅是通过饭菜实现吃饱、吃好，更需要人性化、个性化的特色服务，服务越来越成为语言、技能、艺术、文化的综合体现。

一、提供个性化餐位和菜单

到餐厅用餐的客人有多种类型，包括家庭聚会、生日聚会、商务宴请、朋友或情侣之间的聚餐等。因此，餐厅要能够主动根据这些客人的构成和特点准备各具特色的设施服务，关键是要让其在日常经营中发挥作用，这就要求餐厅和服务人员处处做有心人。

比如，客人在预定餐位时一般会主动说明需要什么样的餐位、有什么特殊要求，如果客人没有说明具体要求，负责预定的服务员应顺便问一下这是一个怎样的聚会，并在预定记录中备注说明。

另外，个性化的菜单也尤为重要。菜单作为客人在餐厅用餐的主要参考资料，起着向客人传递信息的作用，客人从菜单上可以知道餐厅提供的菜品、酒水价格，进而达到消费目的，还可以从菜单的设计、印制上感受到餐厅服务的气息和文化品位。

比如，日期、星期、当日例汤、当日特菜，有了这些最新内容再加上与当天（如某个节日）相配的问候语，印在菜单第一页顶部，就能使客人感受到一种亲切感，让他们感受到他们享受的是最新服务。

二、提供应季的免费茶水

消费者去餐厅就餐，落座时每家店的服务千差万别，有的餐厅会端来免费茶水，有的是一杯白开水，有的是一杯凉爽的柠檬水，有的什么也不给，端给顾客的任何水都需要花钱。区区"水事"，餐馆也许觉得小事情没什么，但消费者心理感受却大不一样。要知道，现在消费者心目中，除了菜品本身，服务已经成了他们是否再来这家店的最重要因素之一。

比如，在炎热的夏天，可以端给客人一杯冰冰的、酸酸的柠檬水；在寒冷的冬季，可以给客人上一杯热腾腾的姜枣茶。

三、提供细心的洗手间服务

细节做到位的餐厅，不只是对顾客吃饭的地方讲究，更是对洗手间的服务做到细心。餐厅洗手间不需要装饰得跟宾馆似的，但干净卫生是一定要注意的。一瓶洗手液、一卷卫生纸就能方便顾客。

有的餐厅，在洗手间的墙上你能看到一个袋子，其中装有各色的线和缝衣服的针，这是为了客人万一遭遇裤子拉链坏了、衣服破了或扣子掉了等特殊情况时，可以避免尴尬。其实能用得上这些针线的概率特别小，但这样的服务，的确细致周到得让人感动。

还有的餐厅，会在洗手间里为女性顾客准备好热水、头绳、护手霜，甚至卫生巾，面面俱到，从而让女性消费者产生出很强烈的信赖感。

四、提供餐桌意见卡

在餐桌上放张别致的意见卡，上面工整地打印着"您最喜欢哪道菜""您对哪些地方不够满意""其他意见"等内容。客人吃完饭，在等服务员结账的时候，就可以进行填写，使餐馆能迅速掌握顾客的意见。相比较于一些餐厅由服务员拿着意见本找顾客让其打分的做法，这样的意见卡既方便又快捷，还能让真心提出意见的顾客不感到尴尬。

五、提供应急服务

1. 客人烫伤的处理

如果客人在餐厅不小心被烫伤，服务员必须做好紧急处理工作，具体操作步骤如下。

（1）将被烫的部位用自来水冲洗，或者直接浸泡在水中，迅速降低皮肤的表面温度。

（2）将被烫伤的部位充分浸湿后，再小心去除烫伤表面的衣物，必要时可用剪刀剪开，如果衣物已经和皮肤发生沾黏现象，可以让衣物暂时保留，注意不要将伤处的水泡弄破。

（3）继续将烫伤部位浸泡在冷水中，以减轻伤者的疼痛感，但不能泡得太久，应及时送到医院，以免延误治疗时机。

（4）用干净毛巾将伤口覆盖起来，千万不可自行涂抹任何药品，以免引起伤口感染，影响医疗人员的判断与处理。

（5）尽快将客人送到医院治疗，如果伤势过重，最好送到设有整形外科或烧烫伤病科的医院。

2. 客人烧伤的处理

如果客人身上着火，服务员应该告知客人用双手尽量掩盖脸部，并让其立即倒地翻滚或者立刻拿桌布等大型布料将着火者包住翻滚将火熄灭。等到火熄灭后，再按烫伤急救步骤进行处理。

案例

一天中午，王女士和朋友在一家餐厅用餐，服务员在她们附近点燃火锅时，火炉内的酒精喷了出来，王女士本能地挡了一下，但燃烧的酒精还是溅到了她身上，她的右脸颊被烧伤，头发被点燃，工作人员迅速将她头发上的火扑灭，与王女士同桌的另两位女士的手臂和鼻子也被烫伤。

事故发生后，餐厅经理立即将她们送往医院治疗。在医院处理完伤口后，餐厅经理又把她们送到一家理发店，对烧焦的头发进行处理，然后一起回到餐厅，商量如何处理此事，处理好之后又派人打车送她们回家。王女士对餐厅的做法感到十分满意。

3. 客人突然病倒

客人在餐厅用餐时，任何意外情况都有可能发生，突然病倒就是其中一项。遇到就餐客人突然病倒时，服务员应按照以下方法解决。

（1）保持镇静。对于突然发病的客人，服务员要保持镇静，首先打电话通知急救部门，再通知餐厅的有关部门，采取一些可行的抢救措施。

（2）如果客人昏厥或是摔倒，不要随意搬动客人。如果觉得客人躺在那儿不雅观，可以用屏风把他围起来。服务员还要认真观察客人的病情，帮助客人解开领扣，松开领带，等待急救医生的到来，随后按医生的吩咐，做一些力所能及的事情。

（3）对于有些客人在进餐过程中，或是进餐后尚未离开餐厅时，就突然出现肠胃不适等症状，服务员也要尽量帮助客人。这种时候，服务员可以帮助客人叫急救车，或是引领客人去洗手间，或是清扫呕吐物等。与此同时，服务员不要急于清理餐桌，要保留客人吃过的食品，留待检查化验，以便分清责任。

（4）当客人突然病倒时，服务员不要当着客人的面，随便下结论，也不要自作主张地给客人使用药物。

4. 客人跌倒时的处理

客人在餐厅跌倒后，服务员应主动上前扶起，安置客人暂时休息，细心询问客人有无摔伤，情况严重的应马上与医院联系，采取措施。事后检查原因，引以为鉴，并及时汇报，做好登记，以备查询。

5. 客人打架闹事

（1）服务员在劝阻客人打架闹事时，要注意方法，态度上要尊敬对方，言语上要用词恰当，自己不要介入到纠纷中去，不要去评判谁是谁非。

（2）一般来说，打架闹事的人多是出于一时的冲动，逞一时之勇，即使是故意、有目的的打架斗殴，只要服务员能及时、恰当地劝阻，一般都会顺利解决。

（3）制止打架斗殴，不但是为餐厅的安全着想，也是为打架的双方着想。如果闹事者就是来捣乱的，服务员更应该保持冷静。

（4）如果打架闹事者根本不听劝告，继续斗殴，情况比较严重的，餐厅应马上报警，请警察采取适当措施，以维持餐厅的秩序。

6. 突然停电的处理

开餐期间如果遇到突然停电，服务人员要保持镇静，首先设法稳定住客人的情绪，请客人不必惊慌，然后立即开启应急灯，或者为客人点燃备用蜡烛，并说服客人不要离开自己的座位，继续进餐。

案例

> 傍晚，某餐厅正在举办寿宴。天色渐渐地暗了下来，寿宴正进行得热烈而隆重。
>
> 突然，餐厅里漆黑一片，停电了。短暂的沉寂之后，迎来了此起彼伏的喊声："服务员，怎么停电了？""服务员，赶紧去看看！""服务员，什么时候来电？"……
>
> 领班小刘反应迅速，立刻冲到库房抓了两包红蜡烛飞奔回餐厅，并立即安排12名服务员站成两排，点燃蜡烛，整齐地排好，走到餐厅。同时他手持扩音器，说道："尊敬的宾客，幸福的寿星！今晚，我们餐厅特别策划送上别致、独特的烛光晚宴，祝寿星及来宾在此吃得开心！"霎时间，掌声雷动，整个餐厅充满了温馨浪漫的气氛。客人们非常高兴，赞不绝口。
>
> 服务员逐个把蜡烛放到烛台上，然后送到大厅的各个区域。宴会继续进行，气氛依然热烈。

停电后，餐厅管理人员应马上与有关部门取得联系，搞清楚断电的原因，如果是餐厅的供电设备出现了问题，就要立即派人检查、修理，在尽可能短的时间内恢复供电。如果是地区停电，或是其他一时不能解决的问题，则应采取相应的对策。服务员对正在餐厅用餐的客人继续提供服务，并向客人表示歉意，同时暂不接待新来的客人。

平时，餐厅里的备用蜡烛应该放在固定的位置，方便取用。如备有应急灯，应该在平时定期检查插头、开关、灯泡是否能正常工作。

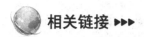

相关链接 ▶▶▶

餐饮企业如何调动员工的服务意识

餐饮企业应该强调门店、员工和顾客三方共赢的原则，使员工在服务的过程中获得有利于自身的实际利益，从收入、晋升和职业生涯角度去培养员工主动、热情的服务意识，将员工服务意识的焦点转移到对切身利益的关注上来，从员工的切身利益出发，调动员工的服务意识。

1.向员工灌输良好的服务理念

由于餐饮行业员工流动率极高，很多员工对企业并没有归属感，没有在某一个餐厅长期工作的心理基础，往往以"此处不留人，自有留人处"的态度对待自己的日常工作，"做一天和尚，撞一天钟"，对餐厅的工作缺乏责任心，不愿意用心去钻研服务技巧。这时，餐饮企业要这样灌输员工："人与人之间总是在不断地进行价值交换，相互给予和获取"。当员工在餐厅以劳动获取工资和报酬时，餐厅就是员工的顾客。当服务员以优质服务在餐厅中获得更高的工资、报酬和晋升时，表明他对顾客的服务获得了认同；当服务员因工作失误而导致罚款、减薪和降职，则是由于服务导致了顾客的不满。因此，员工就会认识到，对他人提供良好服务可以帮助服务员在职业生涯的发展上取得更大的成就。

比如，在很多知名餐厅工作过的员工，即使离开了原来的餐厅，由于自己的工作简历上显示曾经在这些知名餐厅工作过，在人力市场上都会获得优先录用的机会，这就是市场对知名企业员工服务能力和工作习惯的一种认同。

所以，餐饮企业需要强化员工的顾客观念，帮助员工养成为任何人服务都竭尽全力的良好习惯，使得其获得终生职业的成功。

在餐饮行业中，绝大多数员工都是从基层做起的，餐饮企业应在员工从事基层工作的过程中向员工灌输优质服务的理念。

2.让员工在个性化服务当中获得切实利益

餐饮企业要时常激励员工在服务过程当中，分析顾客的消费心理。实践中，经常有客人指定某一个服务员为其服务，当这个服务员离职后，该顾客也往往随之流失，甚至追随这个服务员到其新的工作地方消费。对这位服务员而言，这样的顾客已经转变为其特有的顾客资源。餐饮企业应以开放的心态，对待这种现象，鼓励每一个员工通过个性化服务赢得对自己忠诚的客人，针对这样的员工餐饮企业应该设置激励措施给予重奖。

比如，一个客人来某餐厅包房就餐时，服务员发现这位客人喜食软糖，口味偏清淡。当下一次客人来时，一进包房就发现包房里摆放的都是他喜欢的糖果，点餐时，服务员又主动向他推荐自己喜欢的菜品，吃惊地说："你们怎么会知道我的喜好？"连声夸服务员工作做得细，此后这个客人成为该餐厅的常客。餐厅为了激励员工，除将该服务员的事迹作为经典事例向全体员工通报外，还给该员工丰厚的奖金进行重奖，并提拔为基层管理者，为其他员工树立了一个个性化服务的榜样。

以上是通过服务员的个性化服务赢得忠诚顾客的典型例子。在薪酬体制上，很多餐饮企业实行固定工资制，同样工种享受同等待遇。在收入水平上，根据各个岗位进行了适当的划分，总体上迎宾员高于服务员，服务员高于传菜员，传菜员高于洗碗工。有的餐饮企业为了平衡同一工种的工作量，还根据工作区域进行划分服务范围，服务员为自己负责区域的客人提供服务，某些区域的客人数量多，劳动强度大，某些区域的客人数量少，劳动强度小。员工的待遇基本一样，通过工作区域的轮换可以解决劳动强度问题，但助长了员工希望轮换到劳动强度小的区域的愿望。由于有固定工资为保证，员工希望客人越来越少，这种工资制度助长了员工的懒散情绪，不利于调动员工开展个性化服务的积极性。

因此，餐饮企业普遍实行的固定薪酬分配制度必须改革，可将个人薪酬与企业营业收入直接挂钩，以激励员工工作积极性。为了解决员工工作疲劳的问题，可以在服务员中实行岗位轮岗制，既平衡了劳动强度，培养了复合型人才，还可以提高员工之间的团队意识。

比如，某知名餐饮企业员工在酒楼和茶楼间进行轮岗，由于酒楼服务员的工作要求和工作强度比茶楼服务员高，因此其工资比茶楼服务员高300元。每三个月，酒楼和茶楼服务员轮岗一次，轮岗时间为一个月，工资保持原来水平不变。茶楼服务员轮岗到酒楼一个月后，如果他的表现已达到酒楼服务员的要求，就可按新工资水平领薪。这样既提高了员工的工作能力，丰富了员工的工作内容，又保证了酒楼服务员流失时，企业可及时从茶楼服务员中挑选补充。

餐企为了调动员工参与企业管理的积极性，还可制定多种多样的激励措施。

比如，可为员工设立合理化建议奖，员工提出的建议被公司采纳后，给予适当奖励。可以在企业中开展各种服务技能比赛，根据企业各部门的工作流程和标准制定各自考核指标，每月一评，不限数量，当选者可以获得公司颁发的荣誉证书，并领取适量奖金；连续三个月获得荣誉证书的员工，就可以再次晋级，获得重奖。

这样做的目的，是培养员工的良胜竞争意识、主人翁精神，让他们更关注个人与企业的共同发展。

3.培养员工珍惜身边的每一位顾客

餐饮企业经营成败与顾客流失关系紧密，员工的工作是否稳定跟顾客流失也是息息相关。餐饮企业应对员工进行教育，让员工认识到顾客流失与员工职业稳定之间的关系，使员工养成珍惜每一位客人的习惯。

在日常的培训工作中，许多餐饮企业忽视了员工工作的稳定、经济收入的提高与顾客流失之间的相互影响，一线服务员对少数顾客的流失不在意，形成思想上承认顾客的重要，行动上却表现为对客服务的忽视、冷漠状态，以致服务人员在对客提供服务时，没有热情，不愿为顾客的额外需求提供服务。

比如，有的餐厅的服务人员在为部分顾客打包时，常常面无表情、行动迟缓，甚至以冷漠的态度为客人服务，打包时故意将餐具碰出声音，由此引发顾客不满导致顾客的流失。还有因为服务员没有对就餐的客人问候或微笑；信息传递不准确或缺乏应有的菜品知识；与其他员工聊天；因工作电话而忽视面对面的顾客；行动鲁莽或者漠不关心；过于频繁的销售战术；不得体、不卫生或太随意的外表打扮；让客人感到不快的语言等个人行为导致的顾客流失。

这种漠视顾客流失的工作氛围一旦成为餐饮企业文化的一部分，顾客流失将不可逆转，门店经营步履维艰，员工失业指日可待。因此，餐饮企业要将对客服务的态度从空乏的口号落实到每一个具体行动中，增强员工忧患意识，让员工以珍视自己工作机会的态度珍惜每一位顾客。

第二十章
打造特色化服务

餐饮企业可结合自身的实际情况，顺应当下的潮流和趋势，打造具有本店特色的服务，从而提升顾客就餐体验。

一、推广分餐制

新冠肺炎疫情期间，分餐制再次成为人们热议的话题。不少医学专家和餐饮界人士建议推广分餐制，认为这不是疫情期间的权宜之计，更需借助公众关注"舌尖安全"的契机，大力推广，转变观念，打造餐桌新文明。

围桌合餐是中国人的主要用餐方式，但合餐可能带来一些疾病传播。分餐能避免疾病通过餐具传播，也方便各取所需、合理搭配营养，以及减少浪费。推广分餐制，不仅可以保卫"舌尖安全"，还可引领就餐新风尚。

2003年非典时期，分餐制曾被餐饮企业广泛采用，但疫情过后并未得到有效推广。新冠肺炎疫情下，各地陆续复工复产，不少地方开始提倡实行分餐制，分餐、提供公筷公勺也成为不少餐厅的"标配"。

1. 分餐制推广的瓶颈

（1）对餐饮企业来讲，一方面，由于菜品讲求色香味俱全，但部分特色菜品为追求造型完整精美，不宜分装，比如雕花、特殊摆盘等技艺的菜品需确保上菜时菜品的完整性，导致某些中餐菜品难以推行标准化制作。这就要求餐饮企业应具体问题具体分析，将可分的菜品分份，为不太好分的菜品提供公筷公勺。

比如，吃臊子面在下面条前需要先准备好肉臊子、臊子酸汤和臊子面的配

色，如黄色的鸡蛋皮、黑色的木耳、红色的胡萝卜、绿色的蒜苗、白色的豆腐等材料。在小吃店里吃臊子面，一人一碗面条，加上肉臊子、臊子酸汤和配色，分餐自然没有问题。但在一些合餐宴会上，有些餐厅会上一大盆煮好的面条，随上肉臊子、臊子酸汤和臊子面的配色，由客人自配自取，这时就需要用公筷公勺了。

　　另一方面，分餐制势必会增加人力物力成本，同时造成水资源、洗涤用品的消耗量上升。

　　（2）在家庭聚餐层面，首先，中国人吃饭喜欢热闹，有人会觉得分餐使气氛尴尬，不利于体现重亲情的文化传统。再者，因为习惯成自然，忘取公筷夹食很常见。此外，我国还有部分地区和人口处于温饱水平，分餐存在实际困难。

　　（3）分餐知识教育不足，也是造成分餐意识淡薄的重要原因。长期以来，分餐并不在学生的卫生教育课本中，不在成人的健康生活方式教育中，不像"饭前便后要洗手"一样被广泛宣传。

 小提示 ▶▶▶

　　一种新的生活方式的推广很难像更换厨房设施那么简单，合餐制与分餐制看似生活习惯的不同，实际背后隐含的是文化理念的改变。

2. 逐步推进分餐制

　　餐饮企业要提供公筷公勺，创造条件，为消费者分餐提供必要的服务。在厨师少、服务员数量不足的中小餐厅，一律推行分餐制是有困难的，不妨从使用公筷公勺做起。对于中高档餐厅来说，厨师应多研发便于分食的菜品。

　　针对讲究外形的菜肴，可以加盖示菜，先展示，后分菜；对于一般性的菜肴，可以小分量盛装直接提供给客人。如此，在健康卫生的基础上，既方便饮食，又可突出视觉效果，还相对降低了每份菜肴的售价，可增加多品种的销售总量，有利于餐厅利润增长。

　　对于汤类食品，可以用汤盅一类容器分别盛装，不仅卫生，还利于保温，同时通过容器的变化，增强餐品的视觉美感。

　　吃火锅也可以实行分餐。吃大火锅可以采用公勺公筷加小笊篱的组合，吃小火锅便可以每位客人自涮自食。

此外，可以合理吸收一些西餐的就餐形式，如自助餐、冷餐会、鸡尾酒会等，既便于交流，又践行分餐，是酒店用餐、会议用餐的理想形式。

就目前我国社会结构与物质、文化基础看，公筷公勺是更为可行的方案，这是对合餐渐进的、局部的改良。共餐分取的进食方式既保持共享的饮食传统，利于中华菜肴文化、烹调技术的传承，增进就餐人的情感交流，又利于养成健康饮食习惯。

 小提示 ▶▶▶

餐饮分餐是饮食文明的体现，既是适应公共卫生突发事件的需要，也是引导餐饮移风易俗、文明进步的需要。

3. 分餐标准的发布

《餐饮分餐制服务指南》（GB/T 39002—2020）经国家标准化管理委员会正式发布，并于2020年6月21日正式实施。

 相关链接 ▶▶▶

餐饮分餐制服务指南（GB/T 39002—2020）
（节选）

3 基本原则

3.1 安全卫生

分餐制服务过程中，保证安全卫生，符合国家食品安全卫生相关标准。

3.2 高效便捷

合理设计分餐制服务流程，实现分餐制实施的高效便捷。

3.3 客户关怀

关注客户现实与潜在需求，获得客户的理解、配合和尊重，为特殊人群等提供合理便利。

3.4 经济环保

统筹考虑分餐制要素配置，促进餐饮分餐活动经济环保。

4 分餐方式

4.1 按位分餐

4.1.1 在菜品设计时，以按位分餐的要求制定菜单、搭配菜品。

4.1.2 在菜品加工完成后，由厨师在后厨对菜品进行分餐盛装，或由服务人员在餐厅服务台进行分餐盛装。

4.1.3 在菜品提供时，注意菜品传送过程安全卫生以及温度控制。

4.2 公共餐具分餐

4.2.1 配备适宜的公勺、公筷、公叉、公夹或公刀等专用分餐餐具。

4.2.2 服务人员引导就餐人员使用专用分餐餐具取餐。

4.2.3 公共餐具配置，充分考虑菜品的特性。

4.3 自取分餐

4.3.1 在菜品设计时，充分考虑就餐人员方便拿取。

4.3.2 在菜品提供时，每一道菜品均配有相应取餐工具；菜品盛放器具宜设置防护挡板或防护盖，防止菜品污染，宜设计并配置单独的取餐工具放置器皿，防止掉落菜品器皿中。

4.3.3 在用餐过程中，就餐人员使用独立餐具完成菜品自取，必要时可在服务人员的协助下完成取餐。

4.3.4 在用餐服务场所。通过提示语等方式，提示就餐人员不混餐。

5 分餐制要素

5.1 餐具

5.1.1 公共分餐餐具主要包括公勺、公筷、公叉、公夹和公刀等。

5.1.2 宜通过造型、尺寸、材质或色彩设计等，对分餐餐具与个人餐具进行区分。

5.1.3 公叉、公夹、公刀等分餐餐具尺寸宜与餐盘尺寸相匹配，便于使用。

5.1.4 设置公共分餐餐具专用存放区域，便于识别取用，且配备专门的器皿盛放分餐餐具，并在使用前对分餐餐具及其盛放容器进行清洗消毒。

5.1.5 对分餐餐具和个人餐具进行分类管理。

5.1.6 服务人员及时更换发生污染或混用的分餐餐具。

5.2 菜品

5.2.1 菜品研发设计宜考虑分餐需要以及不同分餐方式的特点，并以分餐制实施为导向创新菜品。

5.2.2 宜将菜品与分餐餐具的匹配性设计纳入菜品设计内容。

5.2.3 对有整体造型展示需求的菜品，宜进行分配方式技法设计。

5.3 流程

5.3.1 宜以分餐实现为导向进行分餐流程的设计。

5.3.2 宜重点针对易产生交叉混用的用餐环节，进行流程设计。

5.3.3 当有应急需求时，宜进行必要的流程重构设计。

5.4 设施设备及用品

　　宜针对不同就餐场景与需求，配备餐具存储柜，洗手池、洗手液等适宜的设施设备及用品。

6 分餐制实施

6.1 总则

6.1.1 餐饮服务提供组织宜根据就餐需求和供餐能力，确定分餐方式。

6.1.2 宜针对分餐制的运行和管理建立相应管理制度并落实，管理制度宜包括设施设备改进、分餐餐具配置、菜品设计优化、服务流程构建、人员卫生防护、人员学习培训、知识理念宣传、标志标识引导等内容。

6.2 按位分餐履务提供

6.2.1 后厨分餐

6.2.1.1 器皿准备。准备用于盛放菜品的器皿，必要时对热食盛放器皿提前进行温蒸加热。

6.2.1.2 菜品盛放。由厨师将加工制作完成的菜品盛入配套器皿内。

6.2.1.3 菜品传送。传菜员使用专用器具将菜品送达餐厅。

6.2.1.4 交接核对。传菜员与服务人员进行菜品交接核对。

6.2.1.5 菜品分发。服务人员将菜品送至每位就餐人员。

6.2.1.6 器皿回收。服务人员宜关注就餐进度，及时回收用后器皿。

6.2.2 服务台分餐

6.2.2.1 菜品介绍。由服务人员将接收到的整盘菜品，放置于餐桌并进行介绍。

6.2.2.2 分餐操作。服务人员将菜品撤至服务操作台，将菜品按位分至配套器皿中，或在菜品原盛装器皿中将菜品分开；分餐人员熟练掌握分餐技能和分割技巧，宜采用双勺或者勺叉上下配合的技法，将菜分至配套器皿或就餐人员餐盘中。

6.2.2.3 菜品分发。服务人员将已分菜品按位送至每位就餐人员。

6.3 公共餐具分餐服务提供

6.3.1 餐具准备。服务人员在开餐前准备类型、数量充足的专用分餐餐具。

6.3.2 服务告知。就餐人员落座后，服务人员在餐前进行分餐服务告知。

6.3.3 餐具配备。服务人员上菜时，根据每道菜品特点放置适宜的分餐餐具，并提醒使用。服务人员宜全程关注分餐餐具使用情况，及时复位或更换。

6.3.4 分餐协助。就餐人员提出要求时，服务人员使用分餐餐具对菜品进行分配。

6.4 自取分餐服务提供

6.4.1 场所布置。宜在就餐场所明示餐具放置区、菜（饮）品放置区。

6.4.2 餐具配备。配备数量充足的自取餐具和用餐餐具，保持卫生干燥，分类摆放，并易于获取。

6.4.3 菜品盛放。菜（饮）品等提前制作完成，分区、分类放置于专用盛器中。

6.4.4 餐具更换。服务人员及时整理取餐台，需要时更换取餐工具。

6.4.5 餐具回收。服务人员及时清理餐桌，并对使用过的餐具进行回收。

7 公共卫生突发事件应对

7.1 分餐方式选择

公共卫生突发事件期间，餐饮服务提供组织宜优先选择按位分餐方式。

7.2 分餐要素配备

7.2.1 结合公共卫生突发事件实际，改造服务流程。

7.2.2 加强消毒药械、口罩手套等应急储备，确保设备物资更新维护。

7.2.3 在餐厅入口处配备消杀用品，供就餐人员进入餐厅前对手部进行消毒处理。

7.2.4 增加分餐餐具数量配备和消毒频次。

7.2.5 菜品传送过程中，传送人员佩戴适宜防护口罩，为菜品加盖防护隔离罩。

7.2.6 条件允许的情况下，在自助取餐处配备一次性手套等用品，供取餐者使用。

二、提供公筷公勺

餐饮企业应响应"推广公筷公勺、倡导文明餐饮"倡议，积极推行分餐制，提供厨师分餐、服务员分餐和就餐者自行分餐等不同分餐模式，主动提供公筷公勺。如图20-1所示。

图 20-1　公筷公勺

1. 积极引导

餐饮企业应在餐饮服务门店、网点的显著位置，使用纸质或电子屏形式宣传使用"公筷公勺分餐"。在餐桌上摆放"公筷公勺分餐"温馨提示。服务人员提醒消费者使用"公筷公勺"。有条件的可设置菜品或餐费优惠打折等奖励措施，鼓励引导消费者响应倡议。

2. 规范配置

餐饮企业要配备与私用餐具有相对识别性的"公筷公勺"，便于消费者根据颜色、长短、形状或材质等直观性地区分，"公筷公勺"应标有"公"字显著标识。餐桌上应尽量配置"公筷公勺"专用架，以便消费者识别、取用。设置"公筷公勺"专用存放区域，"公筷公勺"专用存放柜等标有明显标志，方便员工和消费者识别取用。

3.分类实施

餐饮企业要根据餐桌规格、实际用餐人数、菜品类型与菜品数量等实际用餐情况，选择采用"一人双筷""一菜一筷"或"一菜一勺"等方式摆放。如图20-2所示。

图 20-2　家庭聚餐用公筷

（1）针对火锅或必须在餐桌熟制的菜品，餐厅应提供与私筷、常规公筷具有区分度的"生料专用公筷"。

（2）针对自助餐厅或消费者自行取餐的用餐场合，应配置与菜品对应的、便于取用的"公筷公勺"，并尽量配置单独摆放"公筷公勺"的托盘或托架。

（3）针对宴席、宴会等大规模混杂人群的用餐场合，餐厅应倡导各取所食、不互夹菜，并配备数量充足的"公筷公勺"，倡导分餐服务。

4.加强管理

（1）餐饮企业应将"公筷公勺分餐"配置纳入日常备餐和培训流程、摆台标准、出餐流程、上菜（分餐）流程、引导流程与洗消流程等管理环节。

（2）餐饮企业应明确负责"公筷公勺分餐"相关岗位的基本职责，加强员工日常性专题实操培训。

（3）餐饮企业应培训服务人员使用文明服务用语，持续有效引导、提醒消费者使用"公筷公勺"。

三、提倡光盘行动

"光盘行动"可以有效节约粮食、提高消费者珍惜粮食的意识。

1. 形成宣传氛围

餐饮店可利用电子屏、宣传画、桌牌等多种形式，树立一种倡导节约、反对浪费的思想意识，在店内形成一种宣传氛围。

2. 提醒顾客合理点餐

在顾客点餐过程中，餐饮服务人员应站在顾客角度，介绍餐饮店的菜品特色和分量，并且根据顾客人数，对其所点菜品进行评估，主动提出建议，告知顾客所点菜品已经足量，如果不够吃，可在就餐过程中再行增添，以避免消费者损失。

 小提示 ▶▶▶

顾客在这样的主动提醒后，往往会感受到经营者的良好用心，增加对餐饮店的信任程度，为今后再次来店消费起到良好的促进作用。

3. 主动服务

餐饮企业应主动完善菜单、菜谱，调整菜品数量、标示菜肴分量，并根据顾客要求提供大、中、小分量的餐品。套餐上要注明建议消费人数，并为顾客提供打包餐盒，适时提醒顾客打包。有条件者可适当通过打包有奖、光盘打折、提供奖励券等优惠措施对顾客节约消费的行为予以奖励。针对自助餐浪费等问题，可以试行收取服务押金或按照浪费菜品重量加收服务费等措施，提醒顾客按需、少量、多次取餐，增强顾客节约消费的主动性。

 小提示 ▶▶▶

餐馆应该主动多想些好招妙招，引导顾客树立节约意识，比如主打拼盘经营模式，多拼几种菜肴，少些铺张浪费。同时，对服务员进行培训，在客人点单时给予点菜提醒。

四、打包剩菜

可以说，勤俭节约是我国人民的传家宝，但在当今社会，铺张浪费的现象已经在全国各地越来越严重。我们经常看到三五个人去餐厅吃饭，却点十好几道菜，吃完了也不打包带走，有些菜几乎连动都没有动。

客人点了很多菜，却吃不了，针对这种情况，餐厅可以有以下对策。

1. 自然大方地为客人提供打包服务

当客人提出要将剩下的饭菜打包时，服务员要及时回应，并自然地帮助客人将饭菜打包，态度要真诚，不能说"我们没有这项服务"，或用异样的眼神让客人感觉难堪。

除此之外，服务员也可以提醒客人哪些食品需要尽快吃完，哪些食品可以短时间存放，这样细心的提醒往往也会赢得客人的好感。

2. 在餐厅醒目位置张贴提示语

餐厅可以在醒目位置张贴一些提示语，如"剩菜打包，减少垃圾"，或"请勿浪费，否则加收管理费"等予以惩戒。当客人看到这些提示，在点餐时也就会注意，不至于点很多自己吃不完的食物，这样也可以在一定程度减少浪费现象。

3. 对客人进行适当奖励

有不少餐厅都会对不浪费的客人进行适当奖励，这也是个好办法，可以促使客人们将自己餐桌上的饭菜吃干净，并将剩菜打包。

比如，有一个餐厅就向客人承诺，没有浪费食物的客人都可以在用餐结束后参加抽奖，奖品是一些钥匙扣、手提袋、手机链等非常实用的小礼品，自从这项活动开展之后，这家餐厅食物浪费的现象就大为减少了。

4. 提供精美的包装盒

许多餐馆打包无非是用饭盒装好，然后装进透明塑料袋中。殊不知，有的顾客需要提着这个塑料袋乘公交车赶路的，有的也许还要去见朋友，这样提着一个饭盒，既不方便，也不体面。如果能将塑料袋换成结实的纸袋，岂不是免去了顾客的尴尬。

案例

　　新年快到了，在一家热闹的火锅店，有一大家子人在包间里一起聚餐。其中，有老人，有孩子，一共八个人。他们点了一大堆肉和蔬菜，还有很多酒水。

　　吃着吃着，年纪最大的奶奶说话了："现在的生活真是好啊，想吃什么都有，哪像我们年轻的时候，穷得玉米面都吃不起啊！今天点了这么多菜咱们可不能浪费了，要是吃不了就打包带回去！"

　　众人听了一致表示赞同。他们开开心心地一边聊天一边享用着美食，其乐融融。过了大概一个小时，大家都觉得吃饱了，桌上还有很多蔬菜和剩肉，老太太的孙子走出包间，找到服务员，询问有没有餐盒可以将食物打包带走。服务员立即答道："有的，请稍等！"

　　很快，服务员就拿来了一摞精美的餐盒，大家凑近一看，餐盒上还写着"文明餐桌反对浪费"的字样。服务员帮他们把剩菜都装进了餐盒里，在外面套好袋子，又微笑着对他们说："根据我们店的规定，凡是能做到不浪费饭菜的客人，都能够到前台免费领取一份小纪念品，一会儿你们可以去看看！"

　　这家人高兴地来到前台，发现纪念品中既有小孩的玩具，也有实用性很强的布书包，还有一些精美的小扇子。四岁的小男孩选择了一辆上发条的小汽车玩具，开心极了。

　　就这样，一家人在餐厅迎宾员"欢迎下次光临"的声音中结束了一次愉快的聚餐。

 相关链接 ▶▶▶

多家餐馆推出小份菜单人餐及"光盘"奖励

1.点餐——小份菜单人餐量身定制

"太久没下馆子，一翻菜单看到每样都想吃，一不小心就点多了。"在餐厅进餐的一位消费者说出了不少人的心声。为了让消费者能多吃几种喜欢的菜肴，海底捞火锅是较早设有小份菜的餐馆之一。基本每种菜品都可以点半份，价钱和分量都是整份的一半，这样既能满足顾客对菜品多样化需求，也能避免浪费。

2020年新冠肺炎疫情期间，为了避免人群聚集，各家餐馆普遍对同桌就餐人数进行限制，小份菜的模式也受到更多餐馆效仿。

比如，华天集团旗下各家老字号中，不少餐馆都推出了小份菜，让消费者可以多吃几样的同时又不造成浪费。眉州东坡酒楼也梳理平时消费者最喜欢的菜品，在各门店推出半份半价菜。

全聚德也推出一人食套餐。一份烤鸭套餐里包含一小碟烤鸭、几张鸭饼、一个火烧和一份蘸料，另外还配有盐水鸭肝、青柠脆皮虾、新鲜蔬菜、乌鱼蛋汤等菜品，每样都是小小一份，既满足了部分消费者独自一人吃烤鸭的需求，也实现了荤素搭配，品尝多种菜肴的同时避免浪费。

2.堂食——发红包、奖菜品鼓励"光盘"

除了为顾客"量身定制"提供小份菜品，不少餐馆还在点餐环节提醒消费者适量点餐。

比如，川成元麻辣香锅的各家门店都会倡导顾客适量点餐。基本一个人3份菜，两个人6到8份菜，三个人10份出头就够。顾客点餐时每家门店服务员都会按照这个标准主动提醒，遇到点得太多的还会建议适量减少，从而避免浪费。

在宴请和聚会比较多的节假日期间，消费者外出就餐时点上满满一大桌菜的情形更加常见。为了鼓励消费者"光盘"，华天集团旗下不少老字号门店还会通过给"光盘"的消费者发红包、奖励优惠菜品等措施来鼓励节约。眉州东坡酒楼也将开始为顾客赠送"光盘"奖励，只要顾客在店内用餐不剩菜，店里就会赠送6元饭票，下次用餐可以无限制使用。

如果遇到点得太多实在吃不了，各家餐馆也都会主动提醒消费者进行打包。全聚德店里对打包外带和外卖会收取一次性餐盒费，但店内堂食的剩菜打包则不收取额外费用，以此来鼓励消费者避免餐桌浪费。

3.后厨——菜创新、材多用厉行节约

除了在餐桌上避免浪费，不少餐馆更是从后厨做菜开始就厉行节约。华天集团旗下不少老字号餐馆都是通过提高食材出成率和利用率，从而减少食材浪费和厨余垃圾的产生。鱼类菜肴是同春园饭庄中比较受欢迎的菜品，店里通常将鱼身做成鱼片，将鱼头做成砂锅煲鱼头，将鱼尾做成红烧划水，既不影响食用，又减少浪费。

老字号同和居饭店每日接待消费者数千人，食材使用量很大，为了减少浪费，店里还发动厨师们不断进行菜品创新，提高食材利用率。比如常见的食材笋，会把笋身做成干烧冬笋，笋尖就做糟熘三白的辅料；再比如将雪梨挖出来的球做成醉雪梨，剩余部分就用来熬制雪梨银耳汤。